Jesus Weg nach Golgatha

Anita Gaffron

Anita Gaffron

Autorin, Mutter von 6 Kindern, Tagesmutter, langjährige Praxiserfahrung
in der religionspädagogischen Arbeit und Referentin für religionspädagogisches Arbeiten mit Kindern

Das Werk und seine Teile sind urheberrechtlich geschützt.
Jede Nutzung in anderen als den gesetzlich zugelassenen Fällen bedarf der vorherigen schriftlichen Einwilligung des Verlages.
Hinweis zu § 52a UrhG: Weder das Werk noch seine Teile dürfen ohne eine solche Einwilligung eingescannt und in ein Netzwerk eingestellt werden.
Dies gilt auch für Intranets von Schulen und sonstigen Bildungseinrichtungen.

© 1. Auflage 2018　　　didactus Verlag – Kempten

Autorin:	Anita Gaffron
Layout/Fotografie/ Satz:	Carmen Schöll
Fotografie und Bildnachweise:	Aus dem privaten Fotoarchiv von Anita Gaffron sowie fotolia.de

Verlagskontakt:

Beim Thingerstobel 16
87439 Kempten
Tel. +49 (0) 831/5237608　　　Fax +49 (0) 831/5237609
e-Mail: didactus@web.de　　　http://www.didactus.com
Printed in Germany

ISBN 978394156792

Zu dieser Buchreihe

Viele Eltern und Erzieher würden ihren Kindern gerne mehr biblische Geschichten erzählen. Aber wo fängt man an und wo hört man auf? Kann ich eine Geschichte aus der Bibel erzählen, ohne etwas falsch zu machen? Und wie kann ich sie umsetzen, so dass sie bei den Kindern ankommt und die Kinder sie buchstäblich begreifen? Diese Fragen und Schwierigkeiten begegnen mir im Kontakt mit Mitarbeitern in der Kinderkirche oder auch im Kindergarten immer wieder und mit dieser Buchreihe möchte ich Ihnen eine kleine Hilfestellung an die Hand geben:

Zum einen ist es mir wichtig, Ihnen Mut zu machen, sich zu trauen, den Kindern biblische Geschichten zu erzählen. Die Bibel beinhaltet einen unendlich reichen Schatz an Geschichten. Ja, Jesus selbst war ein wunderbarer Geschichtenerzähler und alleine durch seine Geschichten hat er viele Menschen in seinen Bann gezogen.

Zum anderen möchte ich Ihnen praktische Umsetzungsmöglichkeiten an die Hand geben, um die biblischen Geschichten lebendig und kreativ zu erzählen. Diese Buchreihe soll sich nach und nach so ergänzen, dass Sie im Kindergarten, im Kindergottesdienst, in der Kinderkirche oder in der Familie einen Leitfaden durch das Jahr bekommen – ausgestattet mit kindgerechten biblischen Geschichten, die Sie entweder anhand der Bildkarten einfach nacherzählen oder auch vorlesen können oder vielleicht selbst weiter ausschmücken und fortführen können.

Es ist nicht nötig, dass wir als Eltern, Erzieher oder Mitarbeiter der Kinderkirche biblische Geschichten auslegen. Niemand erwartet von uns theologisches Fachwissen. Wir brauchen keine Predigten schreiben. Um einen Glauben in Kinderherzen einzupflanzen oder wachsen zu lassen, ist es notwendig, dass wir Kindern immer wieder Geschichten von Gott und Jesus erzählen. Dadurch können wir sie be-GEIST-ern für die Liebe Gottes zu uns Menschen. Und zu keinem anderen Zeitpunkt lassen sich Menschen so leicht von einer Idee, von einem Glauben, von einer Kraft, anstecken wie im Kindesalter.

Ich hoffe, diese Buchreihe wird ihren kleinen Beitrag dazu leisten, biblische Geschichten in ihrer praktischen Umsetzung etwas „leichter" zu gestalten. Sehen Sie diese Bücher als Arbeitshilfe, um den ihnen anvertrauten Kindern etwas von Gottes großer Liebe zu erzählen.

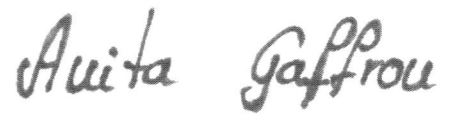

Anita Gaffrou

Zu diesem Buch

Die Passionsgeschichte beschäftigt und berührt uns jedes Jahr aufs Neue. Immer wieder gehen wir der Frage nach: „Ist es gut und sinnvoll, den Kindern vom Leiden und Sterben Jesu zu erzählen?", „Wo stoßen wir und die Kinder an persönliche Grenzen?", „Was ist auszuhalten und an welcher Stelle wird es zu viel?", „Können und müssen wir das Leid Jesu immer wieder ertragen?"

Schauen wir auf die Menschen, die Jesus ein Stück auf seinem Weg begleitet haben. Es waren wertvolle und gute Menschen:

- Da sehen wir die Frau aus Betanien, die voller Freude und in großer Liebe Jesus mit kostbarstem Öl gesalbt hat.
- Simon aus Kyrene, der als Unbeteiligter in ein grausames Szenario eingespannt wurde und Jesus das Kreuz abgenommen hat, um es den Berg nach Golgatha zu tragen.
- Oder auch Josef aus Arimathäa, der seinen wertvollen Besitz in Form eines Grabes gab, um Jesus seine Würde zurückzugeben und ihm ein standesgemäßes Begräbnis zu ermöglichen.

Auf der anderen Seite sehen wir auch Personen, die mit ihrer dunkelsten Seite konfrontiert wurden:

- Judas verriet seinen Freund und Lehrer Jesus an die Soldaten und lieferte ihn somit dem Tode aus.
- Petrus verleugnete seinen besten Freund und log den Fremden ins Gesicht, indem er behauptete er kenne diesen Jesus nicht.
- Und wir sehen die große Menschenmenge, die in absoluter Verachtung schrie: „Kreuzige ihn!".

Ich frage mich, wo ich meinen Platz in dieser Passionsgeschichte gehabt hätte? Wo wäre ich gewesen? Hätte ich den Mut gehabt mich auf Jesus Seite zu stellen, oder wäre mir letztendlich mein eigenes Leben wichtiger gewesen?

Die Menschen, die Jesus auf seinem Weg begleitet haben, waren nicht perfekt. Sie waren wie du und ich: Stark und schwach, gut und böse, begeistert und entmutigt, treu und betrügerisch. Vielleicht liegt ein Stück von jeder Person in uns, die Jesus auf dem Weg begleitet haben. Die Menschen von damals spiegeln auch unsere Persönlichkeit von heute wider: Wir sind keine Helden! Wir sind Menschen. Menschen mit einem großen Herz und voller Liebe und Güte. Aber auch Menschen mit Fehlern und Schwächen, voll von Egoismus und Eigennutz. Vielleicht wird uns dies bewusst, wenn wir uns intensiv mit der Passionsgeschichte beschäftigen.

Auch Kinder kennen diese Erfahrungen: Sie wissen um Leid, um Schmerzen, um Lügen, um Verrat, um Ungerechtigkeit und Traurigkeit, um Hass und Tod. Je nach Alter haben sie diese Dinge erlebt, gespürt und wahrgenommen, selbst dann, wenn sie diese noch nicht selbst in Worte fassen können. Deshalb ist es wichtig, dass wir die Dinge benennen und dass wir die Geschichte von Jesu Leidensweg erzählen. Die Kinder lernen dadurch, dass es solche Dinge nicht nur in ihrem Leben gab und gibt. Nur wenn wir solche Erfahrungen und Erlebnisse – auch die unschönen – kennen und benennen, können wir uns damit auseinandersetzen und unsere eigenen Schlüsse bezüglich unseres Verhaltens daraus ziehen. Lassen Sie uns mutig sein und mit unseren Kindern auch über unangenehme Themen ins Gespräch kommen.

Wie gelingt es uns, bei Kindern das Bewusstsein zu wecken, dass Jesus für uns am Kreuz gestorben ist? Dass er dieses Leiden wegen unserer Schuld auf sich genommen hat? Gelingt es uns, dies zu vermitteln? Oder bleibt die Geschichte eine spannende Geschichte mit dem tragischen Ende der Kreuzigung? Ist es zu viel verlangt, den Kindern die Bedeutung von Ostern nahe zu bringen? Die Geschichte „Jesus starb am Kreuz – für mich" soll den Kindern und uns einen Zugang zu diesem großen Geschenk Gottes ermöglichen, dass Gott seinem Sohn dies zumutete, nicht damit Gott uns lieben kann, sondern weil er uns so liebt. Jesus kommt uns Menschen in seinem Sterben sehr nahe.

Doch die Passionsgeschichte darf nicht alleine so stehen bleiben. Sonst wäre sie einzig und allein eine grausame Geschichte und das Schicksal eines einzelnen Menschen. Durch die Auferstehung und das Geschehen am Ostermorgen bekommen die Ereignisse ihren eigenen Sinn und eine göttliche Wendung. Es ist also durchaus möglich, dass sie einzelne Erzählungen der Passionsreihe aus diesem Buch weglassen oder zusammenfassen. Die Ostererzählung „Jesus ist auferstanden" muss in die Erzählreihe aufgenommen werden. Passion und Ostern gehören untrennbar zusammen. So dürfen wir uns in der Verantwortung den Kindern gegenüber weder davor drücken, ihnen vom Sterben Jesus zu erzählen, noch den Tod Jesu Christi verheimlichen und ebenso müssen wir uns mit dem Geheimnis der Auferstehung auseinandersetzen.
Die zentrale Kernaussage muss in jeder Geschichte erkennbar bleiben: Egal ob sich Freunde von uns abwenden, ob Menschen falsches über uns behaupten, egal wie schwer unser Weg wird oder wie viel Hass und Feindseligkeit uns von anderen Menschen entgegenschlägt, und egal welche Fehler wir machen: Gott ist bei uns und bei unseren Mitmenschen – seine Liebe trägt uns – in den Tod hinein und darüber hinaus. Das ist die Grundbotschaft von Ostern und es ist aller Mühe wert, sie weiter zu tragen.

Zur Übersicht

Die einzelnen Kapitel sind immer nach gleichem Schema aufgebaut.
Zur leichteren Orientierung finden Sie folgende Symbole am Rande:

BIBEL	Der Bibeltext
Vertiefungsidee	Vertiefungs-möglichkeit (Rätsel, Spiel,...)
 WICHTIG	Was mir an der Erzählung wichtig ist
Lieder	Liedvorschläge
♥	Was mein Herz berührt
	Gebet zur Geschichte
ERZÄHLUNG	Die Erzählung
 Material auf CD-Rom	Materialien, die Sie auf der CD-Rom finden
METHODE	Die Methode

INHALT

Jesus reitet auf einem Esel nach Jerusalem	Seite	9
Eine Frau tut Jesus Gutes	Seite	19
Jesus isst und trinkt das letzte Mal mit seinen Freunden	Seite	29
Jesus will beten	Seite	39
Jesus wird gefangen genommen	Seite	49
Jesus vor dem Hohen Rat	Seite	59
Petrus lügt	Seite	67
Jesus wird verurteilt	Seite	75
Jesus muss sterben	Seite	85
Jesus starb am Kreuz – für mich	Seite	95
Jesus wird ins Grab gelegt	Seite	103
Jesus ist auferstanden - Jesus lebt!	Seite	113

Jesus reitet auf einem Esel nach Jerusalem

Markus 11,1-11

Jesu Einzug in Jerusalem

Und als sie in die Nähe von Jerusalem kamen, bei Betfage und Betanien am Ölberg, sandte er zwei seiner Jünger und sprach zu ihnen: Geht hin in das Dorf, das vor euch liegt. Und alsbald wenn ihr hineinkommt, werdet ihr ein Füllen angebunden finden, auf dem noch nie ein Mensch gesessen hat; bindet es los und führt es her! Und wenn jemand zu euch sagen wird: Was tut ihr da?, so sprecht: Der Herr bedarf seiner, und er sendet es alsbald wieder her. Und sie gingen hin und fanden das Füllen angebunden an einer Tür draußen am Weg und banden's los. Und einige, die da standen, sprachen zu ihnen: Was tut ihr da, dass ihr das Füllen losbindet? Sie sagten aber zu ihnen, wie ihnen Jesus geboten hatte, und die ließen's zu. Und sie führten das Füllen zu Jesus und legten ihre Kleider darauf, und er setzte sich darauf. Und viele breiteten ihre Kleider auf den Weg, andere aber grüne Zweige, die sie auf den Feldern abgehauen hatten. Und die vorangingen und die nachfolgten, schrien: **Hosianna! Gelobt sei, der da kommt in dem Namen des Herrn!** Gelobt sei das Reich unseres Vaters David, das da kommt! Hosianna in der Höhe! Und er ging hinein nach Jerusalem in den Tempel und er besah ringsum alles, und spät am Abend ging er hinaus nach Betanien mit den Zwölfen.

In allen vier Evangelien wird die Geschichte vom Einzug in Jerusalem erzählt. Markus war der älteste Evangelist und derjenige, der die Ereignisse wohl relativ zeitnah (ca. 70 Jahre nach Christus) zum tatsächlichen Geschehen dokumentierte. Er schrieb hier: „Und die vorangingen und die nachfolgten, schrien: Hosianna! Gelobt sei, der da kommt in dem Namen des Herrn! ..." Er schrieb also nicht, dass das ganze Volk Jerusalems auf den Beinen gewesen sei, um die Ankunft Jesu zu feiern, sondern dass es sich wohl mehr oder weniger auf die Jüngerschaft beschränkte. Bei Johannes und Matthäus liest sich dies anders. Deshalb entstand wohl auch das Bild, dass der Stimmungswechsel in der Gesellschaft damals von dem jubelnden „Hosianna!" zum „Kreuzige ihn!" binnen kürzester Zeit erfolgte. Wenn man die Worte von Lukas und Markus genau liest, ist allerdings davon auszugehen, dass das jubelnde Volk nicht die große Masse war und es wohl auch nicht diejenigen waren, die nach circa einer Woche den Tod von Jesus forderten. Wahrscheinlich müssen wir also von einem relativ kleinen und bescheidenen Ereignis ausgehen, das nur wenige Menschen mitbekamen, wenn wir vom Einzug in Jerusalem erzählen. Andernfalls hätten die römischen Besatzungsmächte Jesus wahrscheinlich sofort verhaftet.

Auch wenn der Einzug in Jerusalem nicht ganz so spektakulär war, wie wir ihn uns gerne vorstellen, so gab es doch Menschen, die Jesus wie einen König huldigten: Sie breiteten ihre Kleider auf dem Weg, winkten mit den Zweigen und schrien: „Hosianna!", zu Deutsch: „Hilf doch! Rette doch!" Es gab Menschen in diesen Tagen, die in Jesus mehr als den Propheten aus Galiläa sahen, sie erkannten in ihm den König und Retter der Welt.

Was mein Herz berührt

Warum ritt Jesus auf einem Esel in die Stadt Jerusalem ein? Warum suchte er sich kein kräftiges, starkes Pferd, das Macht, Stärke und Siegeswillen demonstriert?

Die Antwort auf diese Frage liefert die Bibel selbst bei Sacharja 9, 9-10 im Alten Testament: „Aber du, Tochter Zion, freue dich sehr, und du Tochter Jerusalem, jauchze! Siehe, dein König kommt zu dir, ein Gerechter und ein Helfer, arm, und reitet auf einem Esel und auf einem jungen Füllen der Eselin. Denn ich will die Wagen abtun von Ephraim und die Rosse von Jerusalem, und der Streitbogen soll zerbrochen werden, denn er wird Frieden lehren unter den Heiden; und seine Herrschaft wird sein von einem Meer bis ans andere und vom Strom bis an der Welt Ende."

Esel galten zur damaligen Zeit als besonders friedlich und völlig ungeeignet um Kriege zu führen. Wer auf einem Esel einzog, mochte die Weltordnung verändern. Jesus wollte eine Gerechtigkeit für die Armen, eine Aufwertung der Niedrigsten und allen voran eine friedliche Neuordnung. Jesus wollte sich mit den Erniedrigten und Machtlosen auf eine Stufe stellen und sich mit diesen Menschen solidarisieren. Genau dieses demonstrierte der Einzug auf einem Esel.

Während des Einzugs nach Jerusalem spricht Jesus der Überlieferung nach kein einziges Wort. Warum hat er die Freude der Menschen nicht geteilt? Warum steht in keinem der Evangelien etwas davon, dass Jesus die Menschen gesegnet hätte, oder ihnen zugewunken hätte?

Wollte er nicht als der „Große" gefeiert werden? Wollte er Bescheidenheit demonstrieren? War er traurig, weil er wusste, was ihm bevorstand? War er wütend, weil er ahnte, dass die Menschen, die ihm zujubelten, in der Stunde des Todes, nicht für ihn eintreten würden? Eine Antwort erhalten wir aus der Bibel auf diese Fragen nicht ...

METHODE **Erzählung mit einer Esel-Marionette**

Material:
- Esel-Marionette, hergestellt aus leeren Küchenrollen, einem Styropor-Ei als Kopf, grauem Tonkarton für die Ohren, grauem Filzstoff zum Bekleben des Körpers und Bindfäden, um die Marionette zu führen.
- Kieselsteine, um einen Weg zu legen
- Stoffreste
- Farn- oder Bambuszweige

Vorbereitung:
- Herstellung der Marionettenfigur
- Die Figuren können in unterschiedlichen Größen hergestellt werden; für eine große Gruppe eignet sich auch eine größere Esel-Marionette.
- Die Vorbereitung braucht etwas Zeit.

Während der Erzählung:
Die Marionette wird während der Erzählung bewegt. Je nach Dynamik der Erzählung langsam, hektisch oder ruhig und sanft. Die Marionette kann mit einer Hand geführt werden.

Die Marionette ist einfach gehalten. So können die Fäden nicht verheddern und der Erzähler kann sich sowohl auf die Geschichte als auch auf die Marionette konzentrieren. Evtl. kann auch ein Mitarbeiter eine Marionette spielen, während ein zweiter die Geschichte dazu erzählt.

Beteiligung der Kinder:
- Die Kinder können aufgefordert werden, einen Weg mit Kieselsteinen zu legen.
- Entsprechend der Erzählung, dürfen die Kinder Zweige und Stoffe auf dem Weg ausbreiten.
- Sie können Jesus bzw. dem Esel zuwinken und zujubeln.

Ende:
Die Kinder können evtl. eine kleine Marionette für sich selbst basteln (je nach Zeit und Bastellaune der Kinder und der Mitarbeiter).

Die Kinder können die Geschichte mit ihren selbst gebastelten Marionetten auch selbst nachspielen.

ERZÄHLUNG

Ein Esel erzählt:

„Ihr glaubt nicht, was mir passiert ist. Ich kann es immer noch nicht glauben. Eigentlich hatte mein Tag wie immer begonnen. Ich wurde am Morgen aus dem Stall nach draußen geführt. Ich wurde vor der Stalltür mit einem Strick festgebunden und eigentlich mag ich den Platz ganz gerne. Hier kommen viele Leute vorbei, schließlich sind wir in der großen Stadt Jerusalem. Manchmal klopft mir jemand auf den Rücken und manchmal schreit ein Kind: „Was für ein süßer Esel!" Das macht mich immer sehr stolz und glücklich. Neben mir bekommt immer meine Mutter ihren Platz. Wir erhalten einen Haufen Heu, der für den Tag reichen soll und frisches Wasser. Meine Mutter, eine wunderschöne Eselin, stand auch heute Morgen, wie immer, neben mir und so machten wir uns beide über das Futter her. Stolz blickte meine Mutter auf mich. Inzwischen war ich schon ziemlich groß geworden und irgendwie sehe ich ja auch ziemlich gut aus. Meine Mutter hat allen Grund, stolz auf mich zu sein. Wir standen beide zusammen und fraßen unser frisches Heu, als plötzlich zwei Männer entlang eines Weges auf uns zu kamen

(Die Kinder dürfen einen Weg mit Kieselsteinen legen).

Ich sah sie schon von weitem. Irgendwie machten sie einen aufgeregten Eindruck. Als sie näherkamen, hörte ich sie sprechen: „Schau nur, da vorne steht ein junger Esel. So einen braucht unser Jesus. So einen sollen wir ihm bringen!". "Oh Hilfe!" habe ich nur gedacht. „Wer braucht mich? Nehmt doch lieber meine Mutter mit. Sie war schon öfters unterwegs. Sie hat den Menschen schon häufig geholfen. Sie war schon auf Reisen und hat schwere Dinge getragen und auch schon Frauen und Männer mitgenommen. Aber ich? Nein, für so eine Aufgabe bin ich doch viel zu jung!" Aber die beiden Männer kamen direkt auf mich zu. Irgendwie schienen sie es eilig zu haben. Sie banden mich los. Mir war ziemlich unheimlich zumute. Wo brachten sie mich hin, diese Männer? Was musste ich tun? Plötzlich hatte ich das Gefühl, dass ich doch noch heil aus der Sache herauskommen würde, denn ein paar Leute, die herumstanden, riefen den beiden Männern zu: „Hey, was macht ihr da? Warum bindet ihr den jungen Esel ab?"

Und die beiden Männer gaben ihnen eine ganz merkwürdige Antwort: „Der Herr braucht den Esel! Aber wir bringen ihn bald wieder zurück!"

„Der Herr? Welcher Herr? Warum braucht er mich? Was soll ich tun?"

Aber noch ehe ich nachdenken konnte, war ich schon bei dem Herrn! Jesus nannten die Menschen ihn. Die Männer breiteten ihre besten Kleider über mich und der Herr Jesus setzte sich auf mich. Zuerst bin ich etwas erschrocken, weil so ein Mensch doch ziemlich schwer ist, aber nach kurzer Zeit hatte ich mich an das Gewicht gewöhnt und ich traute mich loszulaufen. Die Menschen schrien und jubelten. Es standen so viele am Wegesrand und alle schienen mir zuzujubeln. Ich wusste natürlich, dass sie nicht wegen mir jubelten, sondern wegen dem Herrn Jesus, aber trotzdem war es ein besonderes und tolles Gefühl, diesen scheinbar so wichtigen Menschen zu tragen und ihn ein Stück auf seinem Weg mitzunehmen.

Die Leute legten ihre Kleider auf den Weg.
Manche hatten Zweige von den Bäumen und Feldern abgerissen und breiteten sie vor uns aus. Ich kam mir beinahe so vor, als würde ich einen König auf meinem Rücken tragen. So viel Jubel, so viel Freude, so viel Begeisterung sah ich in den Gesichtern der Menschen. Sie riefen: „Hosianna! Gelobt sei, der da kommt im Namen des Herrn!"

So durfte ich über Kleider und Mäntel, über Zweige und Äste laufen, hinein in die Stadt Jerusalem. Ich bin mir sicher, dass ich niemals wieder eine so wichtige Aufgabe übernehmen darf. Es war mir eine Ehre, Jesus zu tragen."

Vertiefungsidee

Gehen auf einem vorbereiteten und geschmückten Weg
Die Kinder bekommen die Aufgabe, einen Weg zu schmücken – mit Blätter, Blüten, Tüchern, Gras, …
Die Kinder stellen sich rechts und links entlang dieses Weges und lassen immer ein Kind durch das Spalier laufen. Nach diesem Erlebnis kommen alle Kinder wieder im Kreis zusammen.

Mögliche Fragen:
- Was ist das für ein Gefühl, wenn man einen Weg so schön schmücken und vorbereiten darf?
- Wie fühlt man sich, wenn man über diesen Weg läuft?
- Was denkt man, wenn der Weg zu Ende ist?

Gestaltung eines Ostergärtchens
Zu jeder Geschichte kann das Erzählte im Nachhinein mit unterschiedlichen Materialien aufgebaut und nacherzählt oder besprochen werden. Wenn ausreichend Platz vorhanden ist, kann die gesamte Passionsgeschichte nacheinander auf einer Holzplatte erweitert werden.

Materialien:
- Jüngerfiguren (Kegelfiguren, braun angezogen)
- Kieselsteine für den Weg
- Menschenfiguren (Kegelfiguren, bunt angezogen)
- Häuser (aus Bauklötzchen)
- Stoffstückchen
- Buchszweige
- Esel
- Torbogen
- Jesus-Figur (Sisalpuppe, weiß angezogen mit Kopfumhang)

Anleitung:

- Die Holzkegelfiguren gibt es in vielen gut sortierten Bastelgeschäften zu kaufen. Sie können mit Filz-Stoffstücken „angezogen" und mit ein bisschen Wolle können zusätzlich Haare angeklebt werden.

- Um die Jesusfigur etwas größer und „wichtiger" zu gestalten, habe ich mich hier für eine Sisalpuppe entschieden, die ebenfalls im Bastelhandel für kleines Geld zu erwerben ist. Auch diese Puppe habe ich mit kleinen Filz-Stückchen angezogen, und mit Wollfäden sowohl den Kopfumhang als auch den Mantel von Jesus fixiert und zusammengebunden.

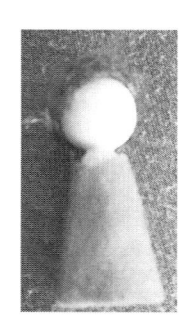

- Die Häuser können mit einfachen Bauklötzen dargestellt werden.

- Als Esel habe ich der Einfachheit halber einen Schleich-Tier-Esel gewählt.

Lieder

- Jesus zieht in Jerusalem ein (Evang. Kindergesangbuch Nr. 57)

- Ausgang und Eingang (Evang. Kindergesangbuch Nr. 184)

Lieber Jesus,
wie schön muss es gewesen sein,
dass sich die Menschen so gefreut haben,
als Du in Jerusalem eingezogen bist.
Wie schön, dass sie Dir damals einen Weg
mit Tüchern und Zweigen bereitet haben.
Ich freue mich, dass Du auch zu mir kommst
und bei mir sein willst, auch wenn ich Dich nicht sehen kann.
Sei mir herzlich willkommen.
Danke, dass Du in meinem Herzen einen Platz haben willst.
Amen.

Eine Frau tut Jesus Gutes

Markus 14,3-9

Salbung in Betanien

Und als er in Betanien war im Hause Petrus des Aussätzigen und saß zu Tisch, da kam eine Frau, die hatte ein Alabastergefäß mit unverfälschtem, kostbarem Nardenöl, und sie zerbrach das Gefäß und goss das Öl auf sein Haupt. Da wurden einige unwillig und sprachen untereinander: Was soll diese Vergeudung des Salböls? Man hätte dieses Öl für mehr als dreihundert Silbergroschen verkaufen können und das Geld den Armen geben. Und sie fuhren sie an. Jesus aber sprach: Lasst sie! Was bekümmert ihr sie? Sie hat ein gutes Werk an mir getan. Denn ihr habt allezeit Arme bei euch, und wenn ihr wollt, könnt ihr ihnen Gutes tun; mich aber habt ihr nicht allezeit. Sie hat getan, was sie konnte; sie hat meinen Leib im Voraus gesalbt zu meinem Begräbnis. Wahrlich, ich sage euch: Wo das Evangelium gepredigt wird in der ganzen Welt, da wird man auch das sagen zu ihrem Gedächtnis, was sie getan hat.

In allen vier Evangelien ist von der Salbung in Betanien die Rede. Allerdings unterscheiden sich die vier Evangelisten in ihren Berichten in den Angaben zu Ort, Zeit und den darin vorkommenden Personen. Die Gemeinsamkeit, die in allen Erzählungen vorkommt, ist, dass eine Frau in ein Haus kam, in dem Jesus zu Gast war, und ihn mit Öl gesalbt hat und ebenso dass sich die Jünger über diese Verschwendung echauffierten. Ob sich die Begebenheit nun im Haus von Petrus, dem Aussätzigen zugetragen hat, der eventuell noch krank und unrein war, oder ob es im Haus von Lazarus (wie bei Johannes niedergeschrieben) war, mag für die Theologen interessant sein, für unsere Erzählung für die Kinder ist dies allerdings nicht von wesentlicher Bedeutung. Interessant dagegen ist allerdings das Motiv, das die Frau für die Salbung gehabt haben könnte. Und dies wird in den Evangelien unterschiedlich beschrieben. Im Markus- und Matthäusevangelium salbte die Frau Jesus das Haupt. Genauso wie in Israel zu damaliger Zeit ein König bei seinem Amtsantritt gesalbt wurde. Mit dieser

Handlung wurde Jesus zum König gemacht (Königssalbung). Jesus gab der Salbung durch seine Aussage eine weitere Bedeutung: „Sie hat meinen Leib im Voraus gesalbt zu meinem Begräbnis." (Totensalbung). Aus heutiger Perspektive können wir sagen, dass die Totensalbung, die Jesus am dritten Tag nach seinem Tod von den Frauen hätte bekommen sollen, bereits an diesem Tag durch die Frau in Betanien erfolgte. Da Jesus am dritten Tage schon von den Toten auferstanden war, konnte er die Salbung nicht mehr empfangen und so galt sie im Voraus dem Auferstandenen. Eine andere Bedeutung der Salbung kann man im Lukasevangelium nachlesen, bei dem nicht das Haupt, sondern die Füße von Jesus gesalbt wurden. Damit wird ausgedrückt, dass der weitere Weg von Jesus gesalbt wurde. Der Weg, den Jesus zu den Menschen ging, und der doch auch oft anstrengend und mühsam war. So wurde Jesus als Mensch unter den Menschen gesalbt und gleichzeitig auch der König, der Tote und der Auferstandene.

Was mein Herz berührt

Wahrscheinlich hatte sich die Frau sehr lange überlegt, wie und was sie Jesus Gutes tun könnte und womit sie ihm eine Ehre erweisen könnte. Dem Sohn Gottes, der doch völlig andere Maßstäbe setzte, der seinen Reichtum nicht aus den Besitztümern zog, sondern aus seiner Liebe zu Gott dem Vater. „Was schenkt man so einem Menschen? Was berührt sein Herz? Was ist seiner würdig?" solche Fragen mochten der Frau durch den Kopf gegangen sein. Und die Frau hatte eine Idee, eine kostspielige Idee. Aber sie dachte nicht über das Geld nach. Andere Werte standen für sie im Vordergrund. Sie erachtete ihren Dienst für so wertvoll, dass sie sich über Geld keine Gedanken machte. Ich kann mir vorstellen, dass es ein beeindruckender Moment war, als sie Jesus mit dem Öl berührt hat. Ein Moment, den sie sicher ihr Leben lang nicht mehr vergessen konnte. Aber sofort kamen die Jünger und redeten alles kaputt. Verunsicherten die Frau. Hatte sie richtig gehandelt? Zweifel kamen in ihr auf. Und der schöne Moment war kaputt. Wäre es besser gewesen, das Geld für andere Dinge auszugeben? Hätte sich Jesus nicht noch mehr gefreut, wenn sie das Geld den Armen gegeben hätte? Doch Jesus nahm die Frau in Schutz. „Lasst sie! Was bekümmert ihr sie! Sie hat ein gutes Werk an mir getan!" Jesus hat in das Herz der Frau gesehen. Und er erkannte, dass sie mit ihrem Werk – und vielleicht auch mit ihrer Verschwendung Gutes tun wollte. Jesus konnte dieses Geschenk dankbar annehmen und hat sicherlich der Frau mit seiner Reaktion ebenfalls ein Geschenk gemacht. Für Jesus war es einer der wenigen letzten Momente in seinem Leben, in dem ihm jemand etwas Gutes getan hat. In dem er Wertschätzung und Liebe gespürt hat und er wusste dies zu schätzen.

Rückengeschichte

Ich habe mich für die Methode der Rückengeschichte entschieden, weil sie weggeht vom visuellen Erleben, hin zum Nach-Spüren und Mit-Fühlen.

Durch eine Rückengeschichte soll eine biblische Erzählung noch spürbarer und erlebbarer gemacht werden. Mit den Händen und Fingern wird eine Geschichte auf dem Rücken eines Freundes erzählt. Der Rücken ist wie eine Tafel, die Finger sind die Figuren oder Stifte. Die Geschichte wird zweimal erzählt, jedes Kind darf einmal gestalten und einmal spüren.

Material:
- Jedes Kinder-Paar benötigt eine Matte, damit sich ein Kind drauflegen kann
- Evtl. auch ein kleines Kissen

Wichtig: Die Methode funktioniert nur in Partnerarbeit

Beteiligungsmöglichkeit der Kinder: Ein Kind tut, das andere erlebt! Dann werden die „Rollen" getauscht.

Unmittelbar vor der Geschichte:
- **Partnerwahl:** Schön wäre es, wenn sich Partner finden, die sich mögen. Berührungen bedürfen auch im Kindesalter einer Behutsamkeit und einer Zwanglosigkeit. Es darf kein Zwang oder Druck ausgeübt werden. Günstig ist es, wenn gleichaltrige Kinder die Übungen zusammen machen. Jüngere Kinder machen die Bewegungen sicher nicht so korrekt und komplett, wie ältere Kinder sich das vorstellen. Trotzdem ist das Prinzip der freien Partnerwahl das Wichtigste!

- **Auswahl der Position:** Die Kinder, die spüren, können liegen oder sitzen (mit angezogenen Knien; der Kopf ruht auf den Knien). Derjenige, der „tut", kniet neben oder hinter seinem Partner.

- **Erklärung:** Vorher muss den Kindern erklärt werden, dass die Geschichte zweimal erzählt wird. Und jeder mal „spüren" und jeder mal „tun" darf.

Durchführung:

- Die Geschichte sollte vorgelesen werden. Optimal wäre: eine Person liest die Geschichte, die andere zeigt den Kindern die Bewegungen. Wichtig ist, dass die Kinder eine gute Sicht auf die Vorzeichnerin haben.

- Die Bewegungen und die Gesamt-Erzählung sollen in Ruhe und Gelassenheit ausgeführt werden. Die Erzieherin macht die Bewegungen überdeutlich vor.

ERZÄHLUNG

Jesus weiß, dass er bald sterben wird. Er weiß, dass viele Menschen ihm weh tun werden.

Mit Fäusten auf den Rücken klopfen.

Er weiß, dass ihm eine schlimme Zeit bevorsteht.
Doch heute ist Jesus mit seinen Freunden bei Petrus in sein Haus eingeladen.

Haus auf den Rücken malen

Sie sind zu Gast in der kleinen Stadt Betanien. Sie sitzen zusammen am Tisch.

Tisch auf den Rücken malen

Sie essen und trinken gemeinsam.

Schüssel auf den Rücken malen, Glas auf den Rücken malen.

Da kommt eine Frau ins Haus gelaufen.

Mit der flachen Hand von unten nach oben über den Rücken laufen.

Die Frau möchte Jesus etwas Gutes tun. Sie möchte ihm all ihre Liebe zeigen.

Herz auf den Rücken malen

Sie möchte, dass sich Jesus wie ein König fühlt.

Krone auf den Rücken malen.

Sie hat ein Glas mit einem kostbaren und teuren Öl dabei. Sie bricht das Glasfläschchen auf.

Eine Flasche auf den Rücken malen.

Sie gießt es Jesus über den Kopf.

Zart über den Kopf streichen.

Sie streicht Jesus über den Kopf und verteilt das Öl über den Kopf...

Erneut zart über den Kopf streichen.

... über den Nacken...

Über den Nacken streichen.

... an den Ohren...

Über die Ohren streichen.

Jesus freut sich über die Frau.
Es tut ihm gut, wie sie ihn berührt.

Vom Kopf aus nach unten über den Rücken streichen.

Doch am Tisch sitzen die Freunde von Jesus, die böse werden.

Mit Fäusten vorsichtig auf den Rücken klopfen.

Sie rufen: „Was für eine Verschwendung. Man hätte dieses Öl für viel Geld verkaufen können und das Geld den Armen geben können."

Die Daumen einzeln (als Symbol für die Geldstücke) in den Rücken drücken.

Aber Jesus versteht die Frau und hält zu ihr. Er sagt: „Lasst die Frau in Ruhe.

Die flachen Hände rechts und links der Wirbelsäule andrücken.

Sie hat mir Gutes getan.

Über den Rücken streichen.

Euer ganzes Leben lang, werdet ihr arme Menschen um Euch herumhaben. Und es ist gut, wenn ihr ihnen helft und ihnen Gutes tut.

Aber ich werde nur noch eine kurze Zeit bei Euch sein.

Uhr auf den Rücken malen

Diese Frau hat mir all das Gute getan, was sie tun konnte. Sie hat meinen Körper bereits jetzt für den Tod vorbereitet."

Vom Kopf nach unten zum Rücken streichen. Über die Arme nach außen über die Hüfte nach unten streichen.

Die Frau hat das Gefühl, etwas Richtiges getan zu haben. Darüber ist sie sehr glücklich.

Die Hände kräftig aneinander reiben und fest auf den Rücken andrücken.

Vertiefungsidee

Stellbilder zur Geschichte: Die Kinder sollen die Szenen in Stellbildern ausdrücken.
- Wie saß Jesus mit seinen Freunden am Tisch, um mit dem Gastgeber gemeinsam zu speisen?
- Wie standen die Frau und Jesus beieinander, als Jesus gesalbt wurde?
- Wie standen die Jünger zusammen, als Jesus gesalbt wurde?
- Mit welcher Körperhaltung reagierte die Frau auf die Kritik der Männer?
- Wie brachte Jesus das Gerede der Jünger zum Schweigen?
- Mit welcher Körperhaltung reagierten die Jünger darauf?
- Wie veränderte sich die Körperhaltung der Frau, als sie Jesu Meinung dazu hörte?

Gestaltung eines Ostergärtchens

Materialien:

- Jesus-Figur
- Frauen-Figur
- Fläschchen
- Tisch
- Männchen
- Hocker
- „Geschirr"

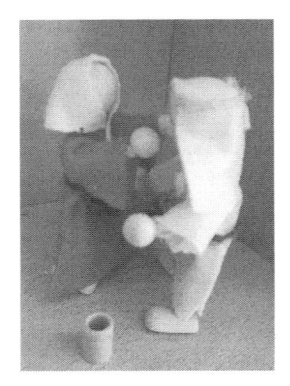

Lieder

- Hallelu, preiset den Herrn (Evang. Kindergesangbuch Nr. 193)

Guter Vater im Himmel,
Jesus hat sich sehr gefreut,
als eine Frau kam und ihm ein Geschenk gemacht hat.
Sie hat ihn mit Öl gesalbt und ihm Gutes getan.
Es ist schön, wenn man anderen Menschen Gutes tun kann.
Manchmal kann man anderen helfen,
manchmal kann man sie in den Arm nehmen,
manchmal freuen sie sich über ein Geschenk.
Lieber Gott, hilf mir zu sehen, womit ich anderen Menschen
etwas Gutes tun und ihnen eine Freude machen kann.
Amen.

Arbeitsaufträge für die Stellbilder auf Kärtchen

Wie saß Jesus mit seinen Freunden am Tisch, um mit dem Gastgeber gemeinsam zu speisen?	Wie standen die Jünger zusammen, als Jesus gesalbt wurde?
Mit welcher Körperhaltung reagierte die Frau auf die Kritik der Männer?	Wie brachte Jesus das Gerede der Jünger zum Schweigen?
Mit welcher Körperhaltung reagierten die Jünger darauf?	Wie veränderte sich die Körperhaltung der Frau, als sie Jesu Meinung dazu hörte?

**Jesus isst und trinkt
das letzte Mal mit seinen Freunden**

Markus 14, 12-26

Das Abendmahl

Und am ersten Tage der Ungesäuerten Brote, da man das Passalamm opferte, sprachen seine Jünger zu ihm: Wo willst du, dass wir hingehen und das Passalamm bereiten, damit du es essen kannst? Und er sandte zwei seiner Jünger und sprach zu ihnen: Geht hin in die Stadt, und es wird euch ein Mensch begegnen, der trägt einen Krug mit Wasser; folgt ihm, und wo er hineingeht, da sprecht zu dem Hausherrn: Der Meister lässt dir sagen: Wo ist die Herberge für mich, in der ich das Passalamm essen kann mit meinen Jüngern? Und er wird euch einen großen Saal zeigen, der schön ausgelegt und vorbereitet ist; und dort richtet für uns zu. Und die Jünger gingen hin und kamen in die Stadt und fanden's, wie er ihnen gesagt hatte, und bereiteten das Passalamm. Und am Abend kam er mit den Zwölfen. Und als sie bei Tisch waren und aßen, sprach Jesus: Wahrlich, ich sage euch: Einer unter euch, der mit mir isst, wird mich verraten. Da wurden sie traurig und sagten zu ihm, einer nach dem andern: Bin ich's? Er aber sprach zu ihnen: Einer von den Zwölfen, der mit mir seinen Bissen in die Schüssel taucht. Der Menschensohn geht zwar hin, wie von ihm geschrieben steht; weh aber dem Menschen, durch den der Menschensohn verraten wird! Es wäre für diesen Menschen besser, wenn er nie geboren wäre. Und als sie aßen, nahm er das Brot, dankte und brach's und gab's ihnen und sprach: Nehmet; das ist mein Leib. Und er nahm den Kelch, dankte und gab ihnen den; und sie tranken alle daraus. Und er sprach zu ihnen: Das ist mein Blut des Bundes, das für viele vergossen wird. Wahrlich, ich sage euch, dass ich nicht mehr trinken werde vom Gewächs des Weinstocks bis an den Tag, an dem ich aufs Neue davon trinke im Reich Gottes. Und als sie den Lobgesang gesungen hatten, gingen sie hinaus an den Ölberg.

Markus, Matthäus und Lukas erzählen alle drei das letzte Abendmahl Jesu in ähnlicher Weise. Einzig und allein Johannes ersetzt das Ereignis des Abendmahls durch die Fußwaschung. Wenn wir uns diese Erzählung ansehen, stellen wir fest, dass sie sich in drei Abschnitte gliedern lässt: Die Geschichte beginnt mit der Vorbereitung des Mahls und der Suche nach einem geeigneten Ort. Anschließend sagte Jesus vorher, dass einer ihn verraten würde und die Erzählung endet mit dem eigentlichen Festmahl. Die Vorbereitung des Pessachs war zur damaligen Zeit eine zeitaufwendige Angelegenheit.

Allerdings war das Passafest ein reines Familienfest und kein Gemeindefest – es wurde in den Häusern und mit der eigenen Familie gefeiert und nicht in Synagogen oder Gotteshäusern. Deshalb machten sich wohl die Jünger Jesu Gedanken, wo sie dieses Mahl einnehmen würden. Jesus allerdings hatte sofort eine Lösung parat und scheinbar bereits einen genauen Plan im Kopf – ähnlich wie beim Einzug in Jerusalem, als er genau wusste, wo die Jünger das Eselfohlen finden würden. Damit wollten die Evangelisten wahrscheinlich zum Ausdruck bringen, dass Jesus sehr genau über die Ereignisse, die in naher Zukunft eintreten würden, Bescheid wusste. Als Jesus den Verrat durch einen der Zwölf ansprach, erhält die Geschichte einen unschönen Bruch, um anschließend in das versöhnliche gemeinsame Mahl zu münden.
Anzumerken ist ebenfalls, dass wir in dieser Erzählung nicht erfahren, wer Jesus verraten wird. Das bleibt zunächst ein Geheimnis.

Was mein Herz berührt

Ich stelle mir den Abend im Grund sehr harmonisch und festlich vor. Die Jünger waren mit der Vorbereitung des Mahls und der Organisation des Raumes beschäftigt. Alle freuten sich auf den gemeinsamen Abend. Doch als sie sich an den Tisch setzten, begann Jesus ohne Umschweife etwas Unschönes anzusprechen. Damit zerstörte er die Atmosphäre. Ohne Rücksicht darauf, dass alle diesen gemeinsamen Abend und das Essen genießen wollten, sprach er an, dass einer sich versündigen würde, und verbreitete damit eine unangenehme Stimmung. Denn nun fragte sich plötzlich jeder, ob er es vielleicht wäre, der Jesus verraten würde. Keiner war sich mehr seiner sicher. Dazu mischte sich die Traurigkeit, dass einer unter den engsten Vertrauten Jesus verraten würde. Und Jesus war nicht zimperlich. Ganz klar sprach er aus, dass es für diesen Menschen besser gewesen wäre, er wäre nie geboren worden. (Eine Anmerkung, die ich den Kindern bewusst nicht erzähle, da ich sie mit dieser Aussage nicht erschrecken oder ängstigen will!) Wohl auch deswegen feiern wir bis heute vor dem Abendmahl die Beichte. Zuerst müssen wir uns damit auseinandersetzen, was wir falsch machen, müssen zu unseren Sünden stehen, müssen das Unschöne zulassen, um anschließend bereit zu sein, das Abendmahl zu empfangen. Judas – der Sünder – wurde nicht vom Mahl ausgeschlossen, so wie wir ebenfalls nicht ausgeschlossen werden – egal welche Sünden wir begangen haben.
Die Worte Jesus beim Abendmahl habe ich absichtlich so originalgetreu wie möglich aus der Bibel übernommen; so wie sie auch heute noch beim Abendmahl für die Erwachsenen gesprochen werden. Niemand – auch wir Erwachsenen – versteht das Abendmahl bis in seine letzte Dimension, aber diese Worte sind Kraft und Stärke, die ich den Kindern so weitergeben möchte, wie Jesus sie uns vorgegeben hat.

METHODE Erzählung mit unterschiedlich farbigem Tonpapier

Beschreibung der Methode:
In der Mitte des Stuhlkreises wird – begleitend zur Erzählung - ein Bild gelegt. Es entsteht durch das begleitete Legen während der Erzählung durch die Erzieherin. Wichtig ist, dass das Legen und die Entstehung des Bildes in ruhiger Atmosphäre geschehen.

Vorbereitende Tätigkeiten:

Material:
- 12 braune Tonpapierquadrate (ca. 1,5 cm x 1,5 cm)
- 1 weißes Tonpapierquadrat (ca. 1,5 cm x 1,5 cm)
- 1 schwarzes Tonpapierquadrat (ca. 1,5 cm x 1,5 cm)
- 2 – 5 bunte Tonpapierquadrate (ca. 1,5 cm x 1,5 cm)
- Rotes Tonpapierhaus
- Schwarze Umrandung für das Tonpapierhaus
- Ausgeschnittener Tisch
- Braune Brotform aus Tonpapier
- Rote Kelch- oder Krugform aus Tonpapier

Vorteile der Methode:
Die Kinder prägen sich die Geschichte durch die „sinn-hafte" Methode sehr gut ein. Die Erzählung wird durch das Legen und die unterschiedlichen Farben unterstützt.

> **ERZÄHLUNG**

Die Freunde kannten sich alle nun schon lange. Sie zogen gemeinsam umher.

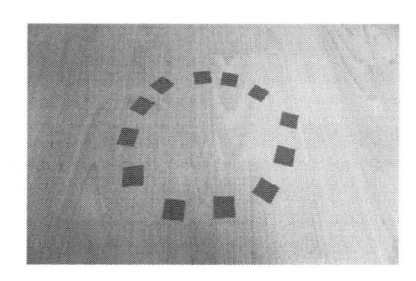

Braune Tonpapierquadrate werden im Kreis gelegt

Und einer war immer bei ihnen: Jesus! Sie hatten ihn alle gern. Er gab ihnen Kraft und Liebe. Er konnte den Menschen helfen. Er tröstete die Traurigen. Er hörte den Menschen zu, die immer alleine waren. Er konnte Krankheiten heilen. Alle wussten, dass die Leute Jesus sehr gern hatten.

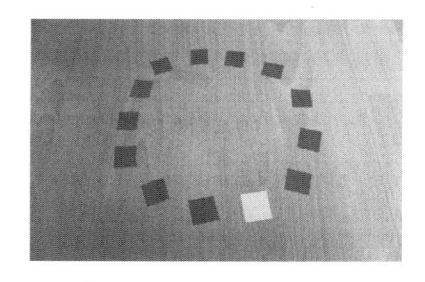

Weißes Tonpapierquadrat zum Kreis dazulegen.

Aber manchmal spürten seine Freunde auch etwas ganz anderes. Petrus bemerkte es als einer der Ersten. Vor kurzem belauschte er ein Gespräch. Ein Fremder sagte zu einem anderen: „Dieser Jesus scheint gefährlich zu werden. Die Menschen mögen ihn so sehr. Passt auf, sonst wird er noch mächtiger und wichtiger als der Kaiser! Wer weiß, was dieser Jesus dann mit uns macht?!" Als die beiden aber Petrus sahen, hörten sie sofort auf zu reden. Wahrscheinlich wussten sie, dass er ein Freund von Jesus war. Petrus spürte irgendwie, dass Jesus nicht mehr sicher war. „Aber Jesus war doch Gottes Sohn. Es musste einfach gut werden", beruhigte sich Petrus.

Ein braunes Tonpapierquadrat aus dem Kreis herausnehmen und zu einigen bunten Quadraten dazulegen.

Heute Morgen hatte Jesus seine Freunde losgeschickt einen Raum zu suchen, in dem sie am Abend das Passafest feiern konnten. Jesus sagte ihnen genau, welchen Mann sie finden werden und was sie ihm sagen sollten. Und als sie genau diesen Mann fanden, zeigte er den Freunden einen schönen, großen Saal den sie zum Feiern nutzen konnten. Den ganzen Tag waren sie mit den Vorbereitungen beschäftigt. Jetzt war der Abend hereingebrochen und alle hatten sich im Haus versammelt.

Braune und weißes Tonpapierquadrate in das Haus legen

Petrus war komisch zu mute. Er wurde traurig und er hatte Angst (schwarzes Umrandung wird über das Haus gelegt). Immer wieder dachte er: „Was wird nun passieren? Was werden sie mit Jesus machen? Werden sie ihn wegsperren, damit er nicht so wichtig und mächtig werden kann?" Das machte Petrus sehr traurig. So gerne würde er Jesus noch länger bei sich haben. Er wollte noch mehr von Gott erfahren. Er wollte noch mehr von Jesus lernen. Petrus hatte Jesus gern und er wollte nicht ohne ihn sein. Er war ganz in Gedanken. „Wie können wir Jesus helfen? Was können wir für ihn tun? Wie wird er das alles überstehen?" so fragte er sich. „Und wie wird es mit mir und meinen Freunden weitergehen?" So viele Gedanken gingen Petrus durch den Kopf.

Schwarze Umrandung um das Haus legen.

Zum Glück waren seine Freunde alle mit ihm in dem Haus zusammengekommen. So konnten sie gemeinsam über all das reden, was ihnen Sorgen machte. Und auch Jesus war hier. Nun bereiteten sie gemeinsam den Tisch vor, heute wollten sie zusammen essen und trinken.

Tisch in die Mitte des Hauses legen und die Tonpapierquadrate (weiß und braun) darum herum platzieren.

Als Jesus sich zu seinen Freunden an den Tisch setzte, wurde er sehr ernst: „Freunde, ich sage euch: Einer unter euch, der heute mit mir isst, er wird mich verraten. Er wird den Soldaten ein Zeichen geben, damit sie mich gefangen nehmen!" Da wurden die Freunde von Jesus sehr traurig und jeder fragte Jesus sorgenvoll: „Bin ich derjenige, der dich verraten wird?" Jesus wusste genau, was geschehen würde und sagte zu ihnen: „Einer von euch Zwölfen, der mit mir seinen Bissen Brot in die Schüssel taucht, er wird es sein, der mich verrät."

Schwarzes Quadrat über ein braunes Quadrat legen.

Doch nun wollte Jesus mit seinen Freunden essen und trinken. Sie wollten gemeinsam das Abendmahl feiern. Dazu brauchten die Freunde Brot und Wein.

Nacheinander Brot- und Wein-Symbol auf den Tisch legen.

Und so sah Petrus, wie Jesus das Brot in die Hand nahm, Gott dankte und es brach und seinen Freunden gab und sprach: „Nehmet und esset, das ist mein Leib, der für euch gegeben wird. Solches tut zu meinem Gedächtnis."

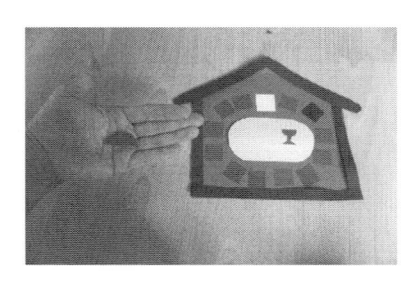

Brot in die Hand nehmen und nach diesen Worten auf den weißen Tisch ablegen.

Desgleichen nahm Jesus auch den Kelch nach dem Mahl und sprach: „Nimm hin und trink, das ist mein Blut, das für Euch vergossen wird. Solches tut, so oft ihrs trinket, zu meinem Gedächtnis."

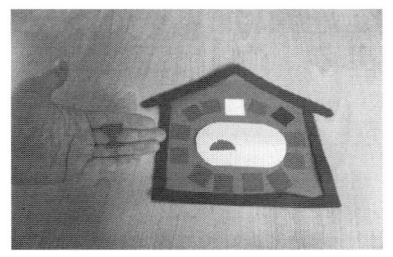

Kelch in die Hand nehmen und nach diesen Worten auf den Tisch legen.

Jesus war unendlich ruhig. Und diese Ruhe spürte auch Petrus. Er verstand nicht alle Worte, die Jesus sprach und trotzdem tat ihm gut, was Jesus tat und sprach. Und dieses gemeinsame Essen und die Worte Jesu - dieses Abendmahl - gaben Petrus Kraft.

Jesus sagte zu seinen Freunden: „Wenn ihr so zusammen esst und trinkt, wenn ihr Gott dankt, so wie ich es eben getan habe, werden wir immer zusammen sein. Auch dann, wenn ihr mich nicht mehr sehen könnt. Ihr werdet an all das denken, was wir zusammen erlebt haben. Ihr werdet glücklich darüber sein, dass ich bei euch gewesen bin und ihr werdet immer meine Liebe spüren und sie weitergeben können. Da bin ich mir ganz sicher!" Petrus hatte Tränen in den Augen. Er wollte Jesus nicht verlieren und trotzdem war er sich sicher, dass etwas von Jesus immer bei ihm sein würde.

Vertiefungsidee

Gemeinsam feiern

- Gemeinsam den Tisch festlich schmücken: Kerzen, Tischdecke, Teller, Becher, Traubensaft, Brot.
- Ein gemeinsames Mahl feiern.
- Die Worte Jesu nochmal hören.

Gestaltung des Ostergärtchens

Materialien:
- Zwölf Jüngerfiguren (Kegelfiguren, braun angezogen)
- Jesus-Figur (Sisalpuppe, weiß angezogen mit Kopfumhang)
- 12 Hocker bzw. Holzbausteine
- Tisch
- Teller und Kelch

Lieder

- Wo zwei, oder drei, in meinem Namen zusammen sind (Evang. Kindergesangbuch Nr. 182)
- Komm wir teilen das Brot am Tisch des Herrn (Evang. Kindergesangbuch Nr. 206)

Lieber Vater,
es ist schön, wenn wir gemeinsam am Tisch zusammenkommen.
Wenn wir gemeinsam essen und trinken.
Es tut gut, wenn wir darüber sprechen können, was wir erlebt haben
 – das Schöne und das Schlechte.
Du kennst uns so, wie wir sind.
Zu Dir dürfen wir immer kommen.
Auch wenn wir etwas falsch gemacht haben.
Das ist schön! Dafür danken wir Dir!
Amen.

Material auf CD-Rom

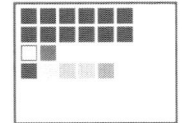

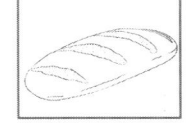

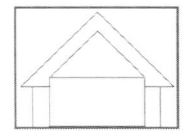

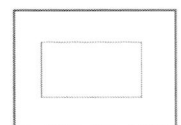

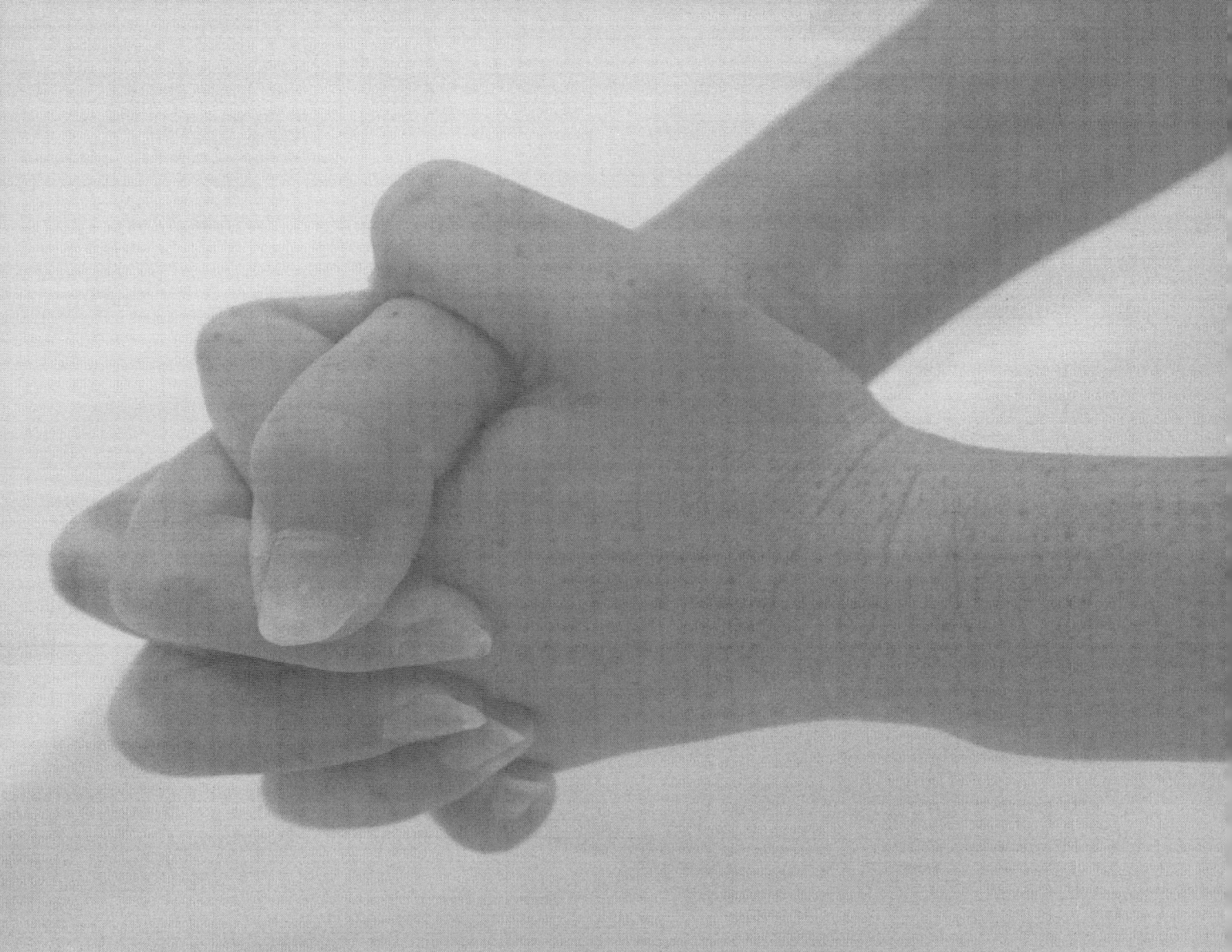

Jesus will beten

Markus 14, 32-42

Jesus im Garten Gethsemane

Und sie kamen zu einem Garten mit Namen Gethsemane. Und er sprach zu seinen Jüngern: Setzt euch hierher, bis ich gebetet habe. Und er nahm mit sich Petrus und Jakobus und Johannes und fing an zu zittern und zu zagen und sprach zu ihnen: Meine Seele ist betrübt bis an den Tod; bleibt hier und wachet! Und er ging ein wenig weiter, fiel nieder auf die Erde und betete, dass, wenn es möglich wäre, die Stunde an ihm vorüberginge, und sprach: Abba, Vater, alles ist dir möglich; nimm diesen Kelch von mir; doch nicht, was ich will, sondern was du willst! Und er kam und fand sie schlafend und sprach zu Petrus: Petrus, schläfst du? Vermochtest du nicht eine Stunde zu wachen? Wachet und betet, dass ihr nicht in Versuchung fallt! Der Geist ist willig; aber das Fleisch ist schwach. Und er ging wieder hin und betete und sprach dieselben Worte und kam wieder und fand sie schlafend; denn ihre Augen waren voller Schlaf und sie wussten nicht, was sie ihm antworten sollten. Und er kam zum dritten Mal und sprach zu ihnen: Ach, wollt ihr weiterschlafen und ruhen? Es ist genug; die Stunde ist gekommen. Siehe, der Menschensohn wird überantwortet in die Hände der Sünder. Steht auf, lasst uns gehen! Siehe, der mich verrät, ist nahe.

Es ist anzunehmen, dass das Passamahl bis tief in die Nacht dauerte. Es gab Wein bei dem Fest und es ist nicht schwer nachzuvollziehen, dass die Jünger Jesu zu dieser Zeit wirklich müde und schläfrig waren. Mir ist an dieser Geschichte wichtig, dass die Jünger nicht angeklagt werden. Sie waren willig. Sie wollten Jesus beistehen. Aber sie schafften es nicht. Sie enttäuschten Jesus. Sie waren nicht die Freunde, die sich Jesus gewünscht hätte. Aber wir sind genauso. Auch wir enttäuschen andere Menschen. Auch wir können nicht immer alle Erwartungen erfüllen. Auch wir wären gerne stark und wach und sind doch oft schwach und müde. Deswegen dürfen wir nicht mit dem Finger auf die anderen zeigen. Aber wir können versuchen an unseren Schwächen und an unserer eigenen Müdigkeit zu arbeiten. Dann können wir unseren Freunden wertvolle Begleiter sein.

Was mein Herz berührt

Berührend, wie viel Schwäche Jesus in dieser Stunde zeigte. Der Jesus, auf den immer Verlass war, der immer für andere da war, der andere Menschen von ihrem Leiden geheilt hatte und sogar vom Tode auferweckt hatte, erlebte bittere Verzweiflung und Angst angesichts seines eigenen Todes. Berührend menschlich. Obwohl er fest im Glauben stand, obwohl er Gottes Sohn war und er zudem die Gewissheit über die Allmacht und Liebe Gottes über Leben und Tod hatte, erlebte auch er diese dunklen Stunden der Verzweiflung.

Doch Jesus zeigte uns, was uns helfen kann, in diesen schweren Stunden: Wir brauchen Freunde, die uns zur Seite stehen, auch wenn sie noch so schwach und müde sind, auch wenn wir mehr von ihnen erwarten, als sie geben können. Wir wollen in den schweren Phasen unseres Lebens nicht alleine sein. Und wir können und dürfen unsere Freunde um Hilfe bitten – ganz konkret. So wie Jesus es getan hat. Doch auch wenn Menschen zu schwach und hilflos sind, um bei uns zu sein, auch wenn sie hinter ihren Erwartungen zurückbleiben, so wie es Jesus mit seinen Jüngern ergangen ist, es gibt einen, an den wir uns wenden können: Gott. Er hört unser Gebet: „All eure Sorge werft auf ihn. Denn er sorgt für Euch!"

Diese Geschichte ist mir ein wertvoller Ratgeber, was mir in schweren Stunden Hilfe sein kann: Freunde, deutliches Formulieren meiner Bedürfnisse gegenüber meinen Freunden und das Gebet. Das Gebet begleitete Jesus durch schwierige Zeiten – und uns ebenfalls.
Das Gebet macht uns stark. Es hilft uns in unserer Schwachheit.

Und Jesus wusste genau: Nicht alles, was er erbitten wird, wird auch geschehen. Deshalb sollte auch in unserem Leben in jedem Gebet an oberster Stelle stehen: „Dein Wille geschehe!"

METHODE Erzählung mit Reibebildern auf schwarzem Untergrund

Material:

- 3 große schwarze Tonpapier
- 3 gleich große Kartons oder Blätter zum Aufkleben der Figuren
- Tesakrepp
- Pappe zum Ausschneiden der Figuren
- Schere
- Kleber
- Farbige, dicke Malstifte oder Wachsmalblöcke

Herstellung der Reibebilder:

Die Motive (Jesus-Figur (stehend), drei Jünger-Figuren, Mond und Baum) werden in Originalgröße oder vergrößert auf einen dicken Karton aufgezeichnet und dann ausgeschnitten. Sie werden entsprechend der Bilder in der Geschichte auf ein großes Blatt aufgeklebt.

Dann wird ein schwarzes Tonpapier über das große Blatt gelegt und mit Tesakrepp festgeklebt.

Die Motive für das zweite Bild (Jesusfigur kniend, Baum und Mond) ausschneiden und ebenfalls auf ein Blatt aufkleben. Dann wird auch über dieses Blatt ein schwarzes Tonpapier gelegt und mit Tesakrepp festgeklebt (am besten unter das erste schwarze Tonpapierblatt).

Die Motive für das dritte Bild (Jüngerfiguren schlafend, Baum und Mond) ausscheiden und ebenfalls aufkleben. Dann wieder schwarzes Tonpapier darüberlegen und an den Ecken mit Tesakrepp festkleben

Dies alles muss geschehen, solange die Kinder nicht anwesend sind.
Wenn die Bilder das erste Mal aufgerieben wurden, ist es sinnvoll sie vom Boden wegzunehmen und verdeckt vor sich hinzulegen. Dann wird immer wieder nur das Bild gezeigt, von dem gerade in der Geschichte die Rede ist.

Nachdem das dritte Bild aufgerieben wurde, wird noch einmal das zweite Bild gezeigt, dann wieder das dritte Bild, dann das zweite Bild und wiederum das dritte Bild, bevor zum Abschluss noch einmal das erste Bild gezeigt wird. Ich würde die Bilder im Verlauf der Erzählung nur noch zeigen und nicht jedes Bild nochmal einzeln aufreiben. Sonst wird die Erzählung zum einen sehr lang und mit der Zeit auch langweilig.

ERZÄHLUNG

Durchführung der Erzählung mit Reibebildern:

Die Reibebilder werden entsprechend der Erzählung farbig aufgerieben. Ich habe mich dabei für dicke Farbstifte entschieden, weil sie eine gute Leuchtkraft besitzen und die Figuren schnell sichtbar werden. Die einzelnen Figuren und Gegenstände sollten immer mit der gleichen Farbe aufgerieben werden, damit sie sofort zugeordnet und wiedererkannt werden. Das ganze Bild entwickelt sich während des Erzählens vor den Augen der Zuhörer, die sehr gespannt darauf warten, was als nächstes zum Vorschein kommt.

Ich erzähle dabei am liebsten auf dem Boden, weil das Papier auch während des Aufreibens gut liegen bleibt, wenn es ordentlich festgeklebt ist.

Erzählung:

Jesus hatte mit seinen Freunden gegessen und getrunken *(Jesus-Figur mit weißer Farbe aufreiben)*. Eigentlich war es ein schönes Fest gewesen. Aber Petrus hatte ein merkwürdiges Gefühl *(eine Jüngerfigur mit brauner Farbe aufreiben)*. Jesus wirkte traurig. Jetzt bat Jesus: „Jakobus, Johannes und Petrus, bitte geht ein paar Schritte mit mir." *(Die beiden anderen Jüngerfiguren mit grüner und blauer Farbe aufreiben)*. Als sie draußen vor der Türe waren, bat Jesus: „Kommt mit mir in den Garten Gethsemane. Ich möchte beten." *(Den Baum in grüner und brauner Farbe aufreiben)*.

Gerne wollten die Freunde Jesus begleiten. Sie mochten es, in seiner Nähe zu sein. Es war immer wieder etwas Besonderes.

Inzwischen war es dunkel geworden, nur der Mond schien am Himmel *(Mond in gelber Farbe aufreiben)*.

(Das erste Bild ist nun fertig aufgerieben. Es bleibt so am Boden liegen.)

Plötzlich wurde Jesus schwach und traurig. Er begann zu zittern und voller Verzweiflung sagte er: „Bleibet bei mir und wachet. Schlaft nicht ein. Ich bin unendlich traurig und verzweifelt."

Jesus ging allein ein Stück in den Garten hinein *(Baum in grüner und brauner Farbe aufreiben)*. Die Freunde blieben gemeinsam zurück.

Er kniete sich auf den Boden *(Jesus-Figur in weißer Farbe und Mond in gelber Farbe aufreiben)*.

Er betete zu Gott seinem Vater: „Bitte Vater, lass die schlimmen Stunden vorübergehen. Ich möchte nicht sterben! Aber es soll nicht das geschehen, was ich will, sondern was du willst. Ich weiß, bei Dir ist alles möglich, aber ich habe Angst."

Für Jesus waren es schwierige Stunden. Er hatte Angst vor dem, was auf ihn zukommen würde. Nur in einem war er sich sicher: Gott würde sein Gebet erhören. Er ließ ihn nicht alleine.

(Das zweite Bild ist nun fertig aufgerieben. Es bleibt so am Boden liegen.)

Lied: „Gott hört dein Gebet. Hört auf dein Gebet. Er versteht was sein Kind bewegt. Gott hört dein Gebet." (Refrain vom Lied „Gott hört den Gebet" Nr. 024 aus dem Liederheft „Kommt, atmet auf")

Doch als Jesus zu seinen Freunden zurückkehrte, fand er sie schlafend vor *(alle drei Jüngerfiguren in den Farben grün, braun und blau aufreiben).*

Petrus, Johannes und Jakobus lagen im Garten auf der Erde und schliefen ruhig *(Baum in brauner und grüner Farbe aufreiben).*

Alles war ruhig. Der Mond schien am Himmel *(Mond in gelber Farbe aufreiben).*

Als Jesus Petrus ansprach, schreckte er hoch: „Petrus! Mir war es wichtig, dass ihr wach bleibt. Jetzt liegt ihr hier und schlaft! Konntet ihr denn nicht diese eine Stunde mit mir wach bleiben? Ich bitte Euch von Herzen: Bleibt mit mir wach! Betet mit mir, damit ihr nicht wieder einschlaft. Das ist mir wirklich wichtig."

(Das dritte Bild ist nun fertig aufgerieben. Jetzt werden die drei Bilder vom Boden weggenommen und bleiben bei der Erzählerin).

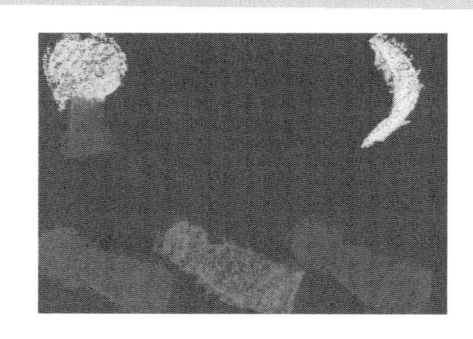

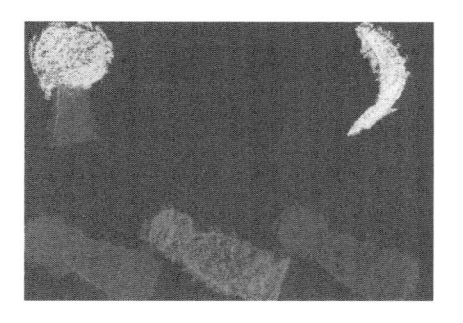

(Bild 2 wird gezeigt)

Und so ging Jesus wieder tiefer hinein in den Garten, kniete sich auf die Erde und betete: „Vater, ist es möglich, dass die nächsten Tage an mir vorbeigehen, und ich nicht leiden und sterben muss? Aber Dein Wille geschehe!" Hier in dieser Stille, im Dunklen der Nacht und im Gebet, fühlte sich Jesus Gott nahe und er spürte: Gott lässt mich nicht alleine. Er hört meine Sorgen und mein Gebet.

Lied: „Gott hört dein Gebet. Hört auf dein Gebet. Er versteht was sein Kind bewegt. Gott hört dein Gebet."

(Bild 3 wird gezeigt)

Als Jesus zu seinen Freunden zurückkehrte, fand er sie wieder schlafend im Garten. Und er sah in ihren Augen, dass sie unendlich müde waren und nicht die Kraft hatten, mit ihm zu wachen. Da ließ er sie zurück.

(Bild 2 wird gezeigt)

Er ging noch ein drittes Mal in den Garten und bat seinen Vater auch diese Mal: „Guter Vater! Bitte lass mich die nächsten schlimmen Tage nicht erleben. Lass diesen Kelch an mir vorübergehen. Ich möchte nicht sterben! Aber alles soll so geschehen, wie Du es willst!"

Lied: „Gott hört dein Gebet. Hört auf dein Gebet. Er versteht was sein Kind bewegt. Gott hört dein Gebet."

(Bild 3 wird gezeigt)

Doch auch als Jesus dieses Mal zurückkehrte, fand er seine drei Freunde schlafend vor.

Als Jesus sie ansprach, wachten sie erschrocken auf.

(Bild 1 wird gezeigt)

Jesu Stimme klang enttäuscht. Und als die Freunde aufstanden und sich ansahen, konnten sie es selbst nicht verstehen, warum sie nicht wach bleiben konnten. Sie wollten doch gerne für Jesus da sein und mit ihm beten. Aber sie haben es nicht geschafft. Der Schlaf war viel mächtiger als ihr Wunsch, mit Jesus wach zu bleiben. Da sprach Jesus: „Wollt ihr weiterschlafen und ruhen? Jetzt ist die Stunde gekommen. Jetzt wird mich einer meiner Freunde verraten und die Soldaten werden kommen und mich mitnehmen. Steht jetzt auf und lasst uns gehen!"

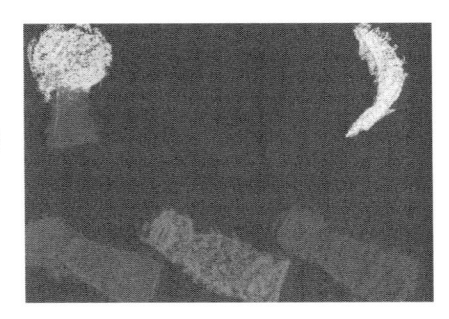

Traurig und von sich selbst enttäuscht gingen die Freunde mit Jesus und alle hatten Angst vor dem was jetzt kommen würde.

Spiel: Bello, Bello, dein Knochen ist weg.

„Hunde sind sehr wachsame Tiere. Jesus hätte sich wachsame und aufmerksame Freunde in dieser Nacht gewünscht. Hunde können auch im Schlaf noch Bewegungen bemerken und darauf reagieren. Ein Kind darf nun den Hund spielen und sehr wachsam sein. Ein anderes Kind wird versuchen, den Knochen bzw. den Schlüsselbund unter dem Stuhl wegzunehmen."

Ein Kind sitzt mit geschlossenen Augen auf einem Stuhl in der Mitte eines Stuhlkreises. Unter den Stuhl wird ein Schlüsselbund gelegt. Die Kinder im Kreis dürfen ganz leise versuchen, sich anzuschleichen und den Schlüsselbund unter dem Stuhl so geräuschlos wie möglich mitzunehmen. Wer dabei erwischt wird, muss sich als nächstes in die Mitte des Kreises setzen und „wachsam sein".

Gestaltung eines Ostergärtchens

Materialien:

- Drei Jüngerfiguren (Kegelfiguren, braun angezogen)
- Jesus-Figur (Sisalpuppe, weiß angezogen, mit Kopfumhang)
- Garten Gethsemane (Moos als Untergrund, Buchs für die Bäume)

Lieder

- Halte zu mir guter Gott (Evang. Kindergesangbuch Nr. 8)
- Ich möcht, dass einer mit mir geht (Evang. Kindergesangbuch Nr. 211)

Lieber Vater,
wie sehr wünschen wir uns, dass wir nicht alleine sein müssen.
Vor allem, wenn es dunkel ist oder wir Angst haben.
Dann wünschen wir uns, dass jemand bei uns ist.
Zum Beispiel Mama oder Papa.
Doch auch wenn niemand da ist, können wir uns auf eines ganz sicher verlassen: Du lässt uns niemals alleine.
Du bist uns nahe. Danke!
Amen.

Jesus wird gefangen genommen

Matthäus 26, 47-56

Jesu Gefangennahme

Und als er noch redete, siehe, da kam Judas, einer von den Zwölfen, und mit ihm eine große Schar mit Schwertern und mit Stangen, von den Hohenpriestern und Ältesten des Volkes. Und der Verräter hatte ihnen ein Zeichen genannt und gesagt: Welchen ich küssen werde, der ist's; den ergreift. Und alsbald trat er zu Jesus und sprach: Sei gegrüßt, Rabbi!, und küsste ihn. Jesus aber sprach zu ihm: Mein Freund, dazu bist du gekommen? Da traten sie heran und legten Hand an Jesus und ergriffen ihn. Und siehe, einer von denen, die bei Jesus waren, streckte die Hand aus und zog sein Schwert und schlug nach dem Knecht des Hohenpriesters und hieb ihm ein Ohr ab.
Da sprach Jesus zu ihm: Stecke dein Schwert an seinen Ort! Denn wer das Schwert nimmt, der wird durchs Schwert umkommen. Oder meinst du, ich könnte meinen Vater nicht bitten, und er würde mir sogleich mehr als zwölf Legionen Engel schicken? Wie würde dann aber die Schrift erfüllt, dass es so geschehen muss? Zu der Stunde sprach Jesus zu der Schar: Ihr seid ausgezogen wie gegen einen Räuber mit Schwertern und mit Stangen, mich gefangen zu nehmen? Habe ich doch täglich im Tempel gesessen und gelehrt, und ihr habt mich nicht ergriffen. Aber das ist alles geschehen, auf dass erfüllt würden die Schriften der Propheten. Da verließen ihn alle Jünger und flohen.

Jesus hatte keine Chance gegen die Schar an Menschen, die gekommen waren um ihn festzunehmen. Und doch leistete einer seiner Leute Widerstand und verteidigte Jesus. Er zog sein Schwert und schlug einem Soldaten das Ohr ab. Doch Jesus reagierte in seiner Position ganz klar: „Stecke dein Schwert an seinen Ort!" Jesus wollte nicht, dass jemand mit Waffen für ihn kämpfte. Er wollte keine Gegenwehr, er wollte die Gewalt nicht mit Gewalt abwehren. Hier war für Jesus der Zeitpunkt gekommen, so zu handeln, wie er immer gepredigt hatte: „Selig sind die Sanftmütigen", „Liebe deine Feinde!", „Wenn dich jemand auf deine rechte Backe schlägt, dem biete die andere auch dar!" Und Jesus handelte genau so. In diesen dunklen Stunden, in der Phase der Bedrohung und Gefahr, zeigte Jesus, dass seine Predigten nicht nur schöne Worte waren, sondern dass sie auch in der Realität Bestand hatten. Jesus zeigte sich nicht eingeschüchtert oder sprachlos. Er wusste genau, was ge-

schehen würde und sein Gebet: „Vater, nicht mein Wille, sondern dein Wille geschehe" wurde hier zu einer realen Haltung und Handlung.
Die Jünger flohen vor der drohenden Verhaftung von Jesus. Jesus selbst tat dies nicht. Er stellte sich seinem Weg und dem Willen Gottes.

Was mein Herz berührt

Ein Kuss als Zeichen des Verrats – das beschäftigt mich. Der Kuss – ein Zeichen der Liebe - wird hier ins Gegenteil verkehrt. Selbst wenn man einen Wangenkuss nicht als Zeichen der Liebe nennen will, so drückt ein Kuss doch immer Zuneigung und Freundlichkeit aus. Im Falle von Jesus und Judas allerdings wurde der Kuss zum Zeichen des Verrates und letztendlich war er auch einer der letzten Puzzleteile im Mordgeschehen an Jesus. Jahrhundertelang galt der „Judaskuss" unter den christlichen Wissenschaftlern als eine hinterhältige und gemeine Tat. Viele behaupteten sogar, der Teufel persönlich hätte in Judas regiert, denn nur so sei ein Verrat mit diesem Mittel überhaupt zu erklären. Könnte der Kuss nicht auch andere Beweggründe gehabt haben? Vielleicht war es ein Begrüßungsritual unter Freunden, oder auch ein Abschiedskuss auf einem Weg, der Jesus vorgezeichnet war, oder ein Zeichen der Zugehörigkeit zu Jesus. Nichtsdestotrotz war es DAS Zeichen, woraufhin die Soldaten Jesus festnahmen.
Aber wie reagierte Jesus auf die Situation: „Mein Freund, dazu bist du gekommen?" Die Anrede „mein Freund" rührt mich an dieser Stelle besonders. Wenn Jesus so viel Zuneigung und Achtung für Judas im Moment der größten Niederlage und des schlimmsten Verrats empfinden konnte, vielleicht sollten auch wir etwas gütiger in unserer Meinung um Judas werden. Zumal ihm im Nachhinein sein Gewissen sehr quälte. Im Matthäusevangelium wird im Kapitel 27 darüber berichtet, dass Judas das Geld, das er für den Verrat an Jesus erhalten hatte, zurückgeben wollte. Die Hohenpriester wollten aber das Geld nicht zurücknehmen und Judas warf es in den Tempel und ging und erhängte sich. Judas konnte mit seiner Schuld nicht leben. Spätestens an dieser Stelle empfinde ich tiefes Mitgefühl für den Verräter Judas.

METHODE Erzählung mit begleitendem Zeichnen auf schwarzem Hintergrund

Nachdem diese Geschichte die direkte Fortsetzung von der vorherigen Geschichte (Jesus will beten) ist, habe ich mich bewusst für eine ähnliche Methode entschieden. Die Bilder werden nicht mehr aufgerieben, sondern gemalt, aber da sich das Geschehen ebenfalls in der Nacht zugetragen hat, bin ich bei dem schwarzen Karton und dem begleitenden Zeichnen zur Geschichte geblieben.

Material:

- DINA 3 Tonpapier oder –karton in schwarz
- Farbige, dicke Malstifte oder Wachsmalblöcke

Durchführung:

- Die Erzählung wird während des Sprechens aufgemalt.
- Die Erzählung beginnt bei dem schwarzen Karton.
- Ich verwende beim Malen dicke Farbstifte, weil sie eine gute Leuchtkraft aufweisen und die Figuren schnell erkennbar sind.
- Das ganze Bild entwickelt sich während des Erzählens vor den Augen der Zuhörer, die sehr gespannt darauf warten, was als nächstes zum Vorschein kommt.

Vorteile der Methode:

- Die Kinder können das Erzählte bildlich vor sich sehen.
- Die Fantasie der Kinder wird wenig beeinträchtigt, weil die Figuren eher symbolhaft und wenig konkret sind.
- Das Bild baut sich langsam auf, deshalb können die Kinder gut folgen.
- Der Erzählfluss wird durch die begleitende Darstellung nicht unterbrochen.
- Es kann auch auf einer Overheadfolie erzählt werden, allerdings fehlt dann der Effekt den man durch das schwarze Blatt erzielt.

ERZÄHLUNG

Inzwischen war tiefe Nacht eingebrochen. Die Bäume ließen sich noch erahnen. Nur der Mond spendete in dieser Nacht ein bisschen Licht im ansonsten dunklen Garten Gethsemane.

Die Freunde von Jesus standen noch immer beieinander und konnten sich selbst nicht verstehen: „Warum konnten wir nicht wach bleiben? Warum sind wir immer wieder eingeschlafen, obwohl Jesus uns so sehr darum bat, wach zu bleiben?" Keiner wusste auf diese Fragen eine Antwort. Ratlos und traurig waren die Freunde in diesem Moment.

Als Jesus zu seinen Freunden trat, hörten sie ihm aufmerksam zu, als er zu sprechen begann: „Es ist genug: Die Stunde ist gekommen. Nun werde ich in die Hände derer übergeben, die mir Böses antun wollen. Steht auf, lasst uns gehen. Derjenige, der mich verraten wird, ist nahe!"

Und während Jesus noch sprach, trat Judas auf Jesus zu und begrüßte ihn: „Sei gegrüßt Rabbi, mein Meister und Lehrer" und küsste ihn. Jesus sah Judas an und sagte nur: „Mein Freund, bist du darum gekommen?"

Auf dieses Zeichen hin, traten die Männer mit ihren Schwertern und Waffen zu Jesus und nahmen ihn gefangen. Jesus sagte nichts. Die Freunde von Jesus aber waren sehr betroffen. Sie konnten nicht fassen was hier geschah. Einer flüsterte dem anderen zu: „Sie können doch Jesus nicht mitnehmen wie einen Schwerverbrecher! Er hat doch nichts getan. Wie soll es denn jetzt für uns weitergehen, wenn Jesus nicht mehr bei uns ist?"

Und einer von denen, die bei Jesus standen, zog sein Schwert und schlug einem Soldaten das Ohr ab. Doch Jesus sprach zu dem Mann: „Steck dein Schwert wieder ein! Du sollst dein Schwert nicht gebrauchen! Meinst du nicht, dass ich Gott meinen Vater darum bitten könnte, dass er mir helfen würde? Ganz sicher würde er seine Engel zu mir schicken, um mir zu helfen! Aber ich bin hier, um einen Auftrag zu erfüllen und es wird alles so geschehen, wie es geschehen muss!"

Sehr ruhig sprach Jesus zu den Menschen, die gekommen waren, um ihn zu holen: „So seid ihr also ausgezogen wie bei einem Räuber. So wollt ihr mich fangen mit Schwertern und mit Stangen. Dabei saß ich doch jeden Tag im Tempel. Dort hättet ihr mich viel leichter finden und gefangen nehmen können! Aber so musste es wohl kommen!".

Die Freunde von Jesus sahen sich an. Nein, diesen Anblick konnten sie nicht ertragen. Sie wollten nicht sehen, wie Jesus abgeführt wurde und liefen davon.

Vertiefungsidee

Wissensquiz:

Auf welchem Tier zog Jesus in Jerusalem ein?
a) Pferd
b) Elefant
c) Kamel
d) Esel

Was legten die Menschen vor Jesus aus, als er in Jerusalem einzog?
a) Kieselsteine
b) Hackschnitzel
c) Kleider und Palmzweige
d) Blumen

Wo wurde Jesus von einer fremden Frau gesalbt?
a) Münchner Allianz Arena
b) Haus in Betanien
c) Balkon in Berlin
d) Hof in Jerusalem

Was gab es zu essen und zu trinken, als Jesus das letzte Mal mit seinen Freunden feierte?
a) Schweinebraten und Klöße
b) Belegte Brote und Sekt
c) Brot und Wein
d) Fisch und Wasser

Wie viele Jünger waren mit Jesus im Garten Gethsemane?
a) 12
b) 6
c) Keiner
d) 3

Was taten die Jünger, als sie mit Jesus im Garten Gethsemane waren und mit ihm beten sollten?
a) Sie haben gegessen
b) Sie haben geschlafen
c) Sie haben gebetet
d) Sie haben Pilze gesucht

Welcher Jünger hat Jesus verraten?
a) Johannes
b) Petrus
c) Phillipus
d) Judas

Was war das Zeichen, mit dem Judas Jesus verraten hat?
a) Kuss
b) Umarmung
c) Er hat mit dem Finger auf Jesus gezeigt
d) Er hat geschrien: „Das ist Jesus!"

Gestaltung eines Ostergärtchens

Materialien:

- Drei Jüngerfiguren (Kegelfiguren, braun angezogen)
- Soldat (eine oder mehr Sisalpuppen, angezogen mit Speer und Waffen)
- Jesus-Figur (Sisalpuppe, weiß angezogen, mit Kopfumhang)
- Judas-Figur (Sisalpuppe, braun angezogen)
- Garten Gethsemane (Moos als Untergrund, Buchs für Bäume)

Lieder

- Ich möcht, dass einer mit mir geht (Evang. Kindergesangbuch Nr. 211)
- Fürchte dich nicht (Evang. Gesangbuch Nr. 630)

Vater im Himmel,
es fällt mir schwer mir vorzustellen,
wie es Jesus und seinen Freunden in dieser Nacht ergangen ist.
Es tut mir leid,
dass die Freunde nicht wach bleiben konnten.
Aber noch schlimmer war es,
dass Judas Jesus an die Soldaten verraten hat.
Es gibt viele Menschen, denen es schlecht geht. Auch Kindern.
Ich bitte Dich, dass Du ihnen Kraft schenkst.
Sei bei allen Menschen, denen es nicht gut geht.
So wie Du damals auch bei Jesus warst, als er ganz verzweifelt war.
Amen.

Material auf CD-Rom

Auf welchem Tier zog Jesus in Jerusalem ein?

a) Pferd
b) Elefant
c) Kamel
d) Esel

Was legten die Menschen vor Jesus aus, als er in Jerusalem einzog?

a) Kieselsteine
b) Hackschnitzel
c) Kleider und Palmzweige
d) Blumen

Welcher Jünger hat Jesus verraten?

a) Johannes
b) Petrus
c) Phillipus
d) Judas

Wo wurde Jesus von einer fremden Frau gesalbt?

a) Münchner Allianz Arena
b) Haus in Betanien
c) Balkon in Berlin
d) Hof in Jerusalem

Was gab es zu essen und zu trinken, als Jesus das letzte Mal mit seinen Freunden feierte?

a) Schweinebraten und Klöße
b) Belegte Brote und Sekt
c) Brot und Wein
d) Fisch und Wasser

Was war das Zeichen, mit dem Judas Jesus verraten hat?
a) Kuss
b) Umarmung
c) Er hat mit dem Finger auf Jesus gezeigt
d) Er hat geschrien: „Das ist Jesus!"

Wie viele Jünger waren mit Jesus im Garten Gethsemane?

a) 12
b) 6
c) Keiner
d) 3

Was taten die Jünger, als sie mit Jesus im Garten Gethsemane waren und mit ihm beten sollten?

a) Sie haben gegessen
b) Sie haben geschlafen
c) Sie haben gebetet
d) Sie haben Pilze gesucht?

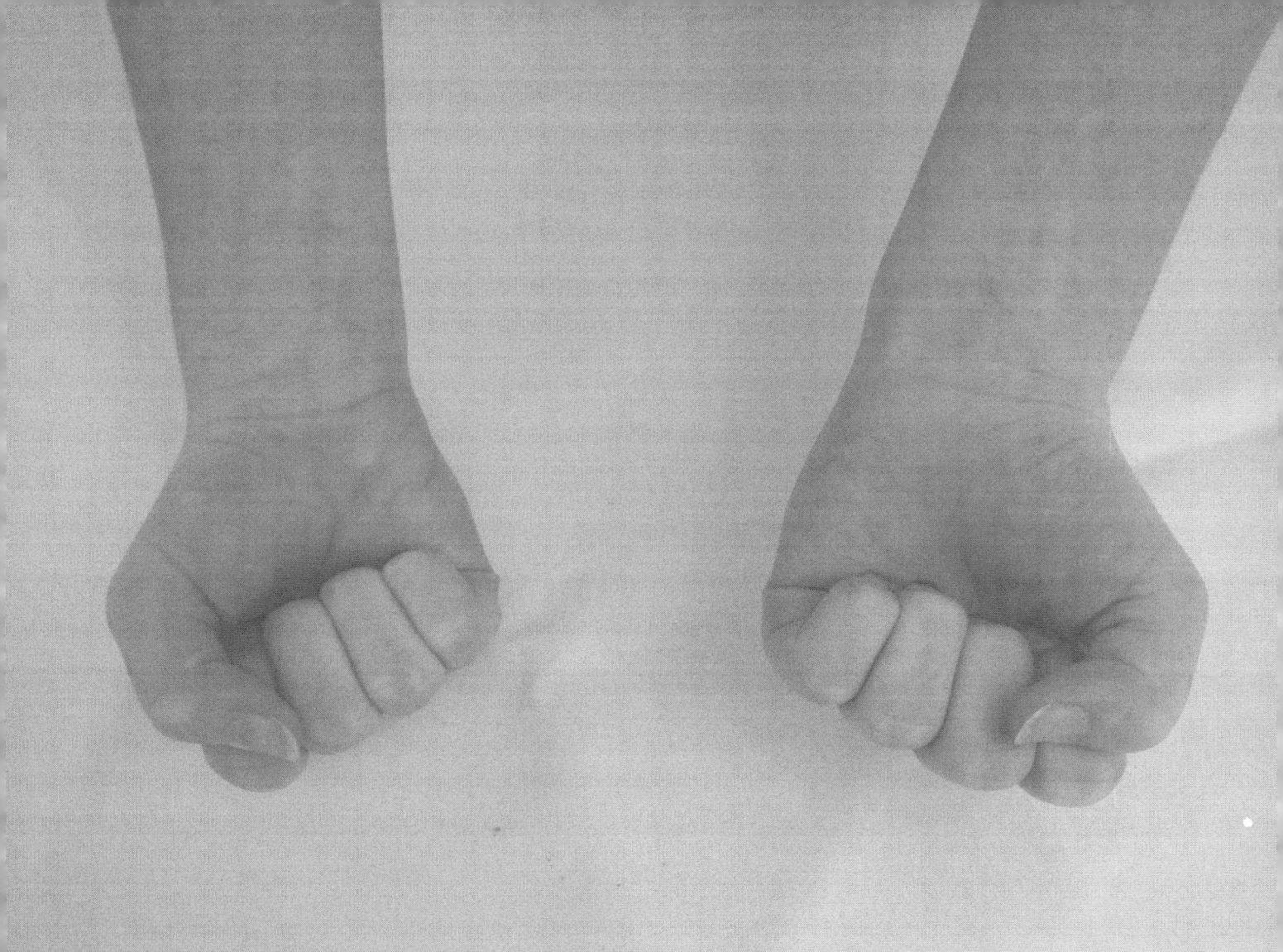

Jesus vor dem Hohen Rat

Markus 14, 53-65

Jesus vor dem Hohen Rat

Und sie führten Jesus zu dem Hohenpriester; und es versammelten sich alle Hohenpriester und Ältesten und Schriftgelehrten. Petrus aber folgte ihm nach von ferne, bis hinein in den Palast des Hohenpriesters, und saß da bei den Knechten und wärmte sich am Feuer. Aber die Hohenpriester und der ganze Hohe Rat suchten Zeugnis gegen Jesus, auf dass sie ihn zu Tode brächten, und fanden nichts.
Denn viele gaben falsches Zeugnis gegen ihn; aber ihr Zeugnis stimmte nicht überein. Und einige standen auf und gaben falsches Zeugnis gegen ihn und sprachen:
Wir haben gehört, dass er gesagt hat: Ich will diesen Tempel, der mit Händen gemacht ist, abbrechen und in drei Tagen einen andern bauen, der nicht mit Händen gemacht ist. Aber ihr Zeugnis stimmte auch darin nicht überein. Und der Hohepriester stand auf, trat in die Mitte und fragte Jesus und sprach: Antwortest du nichts auf das, was diese gegen dich bezeugen? Er aber schwieg still und antwortete nichts. Da fragte ihn der Hohepriester abermals und sprach zu ihm: Bist du der Christus, der Sohn des Hochgelobten? Jesus aber sprach: Ich bin's; und ihr werdet sehen den Menschensohn sitzen zur Rechten der Kraft und kommen mit den Wolken des Himmels. Da zerriss der Hohepriester seine Kleider und sprach: Was bedürfen wir weiterer Zeugen? Ihr habt die Gotteslästerung gehört. Was meint ihr? Sie aber verurteilten ihn alle, dass er des Todes schuldig sei. Da fingen einige an, ihn anzuspeien und sein Angesicht zu verdecken und ihn mit Fäusten zu schlagen und zu ihm zu sagen: Weissage uns! Und die Knechte schlugen ihn ins Angesicht.

Im Prinzip war der Hohe Rat das Gericht der Juden zur damaligen Zeit. 71 Männer gehörten ihm an. Darunter waren Priester, Schriftgelehrte und gebildete, älteste Juden. Der Hohe Rat richtete über die Ordnungen im Volk der Juden und war oberste Regierungs- und Richterstelle. Allerdings konnte er kein Todesurteil aussprechen, weshalb klar wird, warum die Verurteilung von Jesus durch mehrere Instanzen gehen musste und an dieser Stelle noch nicht zu einem Ende kam.

Durch die Zeugenbefragung bekam der Prozess den Anschein, dass alles nach „bestem Wissen und Gewissen" gelaufen war, bzw. dass das Urteil nicht angreifbar wäre.
Allerdings hatten die Zeugen am Anfang des Prozesses so unterschiedliche Aussagen in den Raum geworfen, dass aufgrund dieser kein rechtskräftiges Urteil möglich war. Am Ende blieb den Männern des Hohen Rates nur eines: Der Angeklagte musste durch seine eigene Aussage sein Urteil selbst fällen.

Was mein Herz berührt

Natürlich drängt sich an dieser Stelle die Frage auf, wieso Jesus sich nicht wehrte. Eigentlich war er ein großartiger Redner und Prediger und ausgerechnet in einem so wichtigen Moment schwieg er. Er ließ alles über sich ergehen, bog nichts gerade und rechtfertigte sich nicht. Zwei mögliche Antworten auf diese Frage könnten eine Erklärung liefern: Vielleicht wusste Jesus, dass sein Weg vorgezeichnet war und dass keine Erklärung etwas an diesem Weg geändert hätte, und / oder er hatte unendliches Vertrauen zu seinem Vater im Himmel und wusste, dass es so, wie Gott es für ihn gedacht hatte, schon richtig sein musste.

Erzählen mit Bauklötzen

Materialien:
- Bauklötze in unterschiedlichen Farben:
- Sehr viele rote Bauklötze für den Hohen Rat (im Idealfall 71 Stück)
- Blaue Bauklötze für die Soldaten
- Neutrale Bauklötze, um einen Raum für die „Verhandlung" anzudeuten
- Einen gelben Baustein, um Petrus zu symbolisieren
- Einen weißen Baustein, um Jesus darzustellen

Vorbereitung:
Die Kinder dürfen den Raum der Gerichtsverhandlung vor dem Erzählen mit neutralen Bausteinen aufbauen (alternativ auch während der Geschichte).

Grundsätzliches:
Ich verwende die Bauklötze, um die unterschiedlichen Personen der Geschichte darzustellen. In der Erzählung als Jesus vor dem Hohen Rat verhört wurde, kommen sehr viele Personen vor. Ich finde es sehr eindrucksvoll, den Kindern mit dieser Methode zu zeigen, vor welcher Menschenmenge Jesus ganz alleine stand.

Durchführung:
Es ist eine abstrakte Erzählmethode, durch die eine Geschichte mit unterschiedlich farbigen Bausteinen anschaulich erzählt werden kann.
Wenn neue „Personen" die „Bühne" betreten, ist es wichtig, zu benennen, wer diese sind. Wenn Personen sprechen, ist es hilfreich auf einen bestimmten Baustein zu zeigen, um gezielt zu untermalen, dass die Bausteine die Menschen darstellen sollen.

ERZÄHLUNG

Die Soldaten brachten Jesus zu den mächtigen Männern der Stadt.

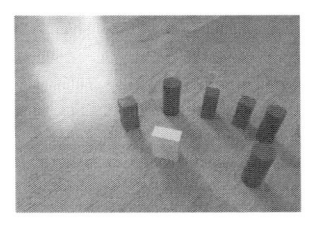

(blaue Bausteine werden für die Soldaten aufgestellt und ein weißer Baustein für Jesus)

Man nannte diese Männer den Hohen Rat. Es waren die ältesten und klügsten Menschen in der Stadt und sie durften entscheiden, ob jemand richtig oder falsch handelte und ob jemand gut oder böse war. Sie mussten urteilen, ob jemand verhaftet wurde, oder frei sein durfte. Nur ob ein Mensch getötet werden sollte, das konnten und durften diese Männer nicht entscheiden. Und genau vor diese Menschen wurde Jesus von den Soldaten gebracht.

(viele rote Bausteine werden für den Hohen Rat dazu gestellt)

Sie alle hatten sich in einem großen Raum versammelt.

(um die aufgestellten Bausteine wird mit neutralen Bausteinen ein Raum angedeutet)

Petrus, der mit Jesus im Garten war, hatte gesehen, wie sie Jesus festgenommen hatten.
„Wie wird es jetzt mit Jesus weiter gehen?" fragte er sich und deshalb lief er den Soldaten und Jesus hinterher. In die Räume der wichtigen Männer konnte er natürlich nicht gehen und so blieb er draußen im Hofe sitzen und wärmte sich an einem Feuer. Voller Ungeduld wartete er darauf, dass die Türen aufgingen und er einen Blick auf Jesus erhaschen konnte. „Wird er als freier Mann herauskommen?" das hoffte Petrus von ganzem Herzen. *(Wenn die Kinder sehr jung sind, würde ich diesen Abschnitt mit dem Petrus aus der Geschichte weglassen, weil er für diese Erzählung keine große Bedeutung hat und vielleicht ein verwirrendes Detail darstellt.)*

(gelber Baustein wird für Petrus vor den „Raum" gestellt)

In den Räumen der wichtigen und mächtigen Männer, die sich um Jesus versammelt hatten, herrschte nur ein Gedanke: „Dieser Jesus muss weg! Er wird gefährlich! Er hält sich für Gottes Sohn! So jemanden können wir hier nicht brauchen!"
Viele Männer waren da, die Jesus nicht leiden konnten und jeder wusste etwas anderes zu berichten: „Ich habe gehört, dass Jesus gesagt hat, dass er unseren Tempel – unser Gotteshaus – in drei Tagen niederreißen und wieder aufbauen könnte! So etwas kann doch kein Mensch! Wie kann er so etwas behaupten? Niemand hat so eine Macht! Was bildet dieser Jesus sich ein?" *(auf einen roten Baustein zeigen).*

Ein anderer Mann rief: „Das stimmt doch gar nicht! Das hat er nicht gesagt!"
Dann rief ein Mann von ganz hinten: „Ich habe gehört, dass er von sich selbst sagt, dass er der mächtigste Mann auf der ganzen Welt ist!"
Da rief ein anderer Mann: „Niemals! So etwas würde Jesus niemals sagen!" *(auf einen anderen roten Baustein zeigen)*

Alle riefen laut durcheinander und jeder wusste etwas anderes über Jesus zu sagen. Der wichtigste Mann trat hervor. Er wusste gar nicht mehr, was er glauben sollte. Jeder sagte etwas anderes. So hatte er nur eine Möglichkeit: Er musste Jesus selbst fragen, was er dazu zu sagen hätte.
Der wichtige Mann trat zu Jesus und fragte ihn: „Willst du nichts zu dem sagen, was diese Leute dir vorwerfen? Sie sagen schlimme Dinge über dich!" Aber Jesus stand nur da und schwieg. Er sagte kein einziges Wort *(roten Baustein zum weißen Baustein stellen)*.

Da sprach der wichtige Mann noch einmal zu Jesus und fragte ihn: „Bist du der Sohn Gottes? Bist du der Messias?"
Und Jesus antwortete ruhig: „Ich bin es! Wenn die Zeit gekommen ist, werdet ihr sehen, dass ich neben Gott meinen Platz bei ihm habe."
Da wurde der wichtige Mann zornig. Er zerriss seinen Mantel und schrie: „Sagt mir, wozu wir hier noch Menschen brauchen, die sagen, was er Schlimmes getan hat? Er hat es doch zugegeben. Er hat gesagt, dass er Gottes Sohn ist. Damit hat er Gott aufs übelste beleidigt. Was ist eure Meinung?" Damit wollte er von den Männern in dem großen Raum wissen, was sie über Jesus dachten und was mit ihm geschehen sollte.

Augenblicklich war es still im Saal. Plötzlich rief einer in die Stille hinein: „Jesus ist schuldig und muss sterben!" Und die Männer nickten und alle riefen: „Jesus muss sterben!"
Viele traten an ihn heran und spuckten ihn ins Gesicht *(blaue Bausteine zum weißen Baustein stellen)*. Andere verbanden seine Augen und schlugen ihn. Sie riefen ihm zu: „Jetzt zeig uns, wer du bist. Zeig uns, welche Verbindung du zu Gott hast!"
Jesus stand still da und sagte kein einziges Wort.

Vertiefungsidee

Wünsche und Kerzen für Jesus
„In unserer Geschichte haben wir heute viel Schlimmes gehört. Jeder von Euch darf nun eine Kerze für Jesus anzünden und sagen, was er ihm gutes wünscht."

Die Kerzen werden auf ein Tuch in der Mitte abgestellt und jedes Kind darf sich einen Wunsch für Jesus ausdenken. „Auch wenn wir wissen, dass der Wunsch nicht in Erfüllung gegangen ist, können wir trotzdem mit guten Gedanken Jesus auf seinem Weg begleiten."

Kleinere Kinder brauchen vielleicht etwas Unterstützung:
- Ich wünsche Jesus, dass er Gott ganz nahe bei sich spürt.
- Ich wünsche Jesus, dass irgendwo ein Freund in der Menge steht, der bei ihm ist.
- Ich wünsche Jesus, dass er die schlimmen Schmerzen nicht so spürt.
- Ich wünsche Jesus, dass jemand seine Hand hält.
- Ich wünsche Jesus, dass er den Weg nicht gehen muss.
- Ich wünsche Jesus, dass er nicht sterben muss…
- ….

Gestaltung eines Ostergärtchens
- Soldat (eine oder mehr Sisalpuppen, angezogen mit Speer und Waffen)
- Jesus-Figur (Sisalpuppe, weiß angezogen, mit Kopfumhang)
- Hoher Rat (5 – 7 Kegelfiguren, bunt angezogen)
- Ein Wortführer des Hohen Rates (Sisalpuppe, grau-braun-rot angezogen)

Lieder

- Herr, erbarme dich (Evangelisches Kindergesangbuch Nr. 197)
- Dieser Gebetsruf könnte auch zwischen den Wünschen für Jesus gesungen werden.

Lieber Gott,
ganz alleine stand Jesus
vor den klugen und ältesten Männern der Stadt.
Es war sicher keine leichte Sache für ihn.
Bestimmt hatte er Angst, denn er wusste, dass er,
egal was er sagen würde, sterben musste.
Nur einer war bei ihm.
Das warst Du!
Wahrscheinlich war er deswegen so ruhig und konnte dies alles ertragen.
Sei Du bei den Menschen, wenn sie einen schweren Weg vor sich haben.
Wenn niemand mehr bei ihnen ist, wenn sie Angst haben,
oder wenn sie krank sind.
Darum bitten wir Dich!
Amen.

Petrus lügt

Markus, 14, 66-72

Die Verleugnung des Petrus

Und Petrus war unten im Hof. Da kam eine von den Mägden des Hohenpriesters; und als sie Petrus sah, wie er sich wärmte, schaute sie ihn an und sprach: Und du warst auch mit dem Jesus von Nazareth. Er leugnete aber und sprach: Ich weiß nicht und verstehe nicht, was du sagst. Und er ging hinaus in den Vorhof, und der Hahn krähte.
Und die Magd sah ihn und fing abermals an, denen zu sagen, die dabeistanden: Dieser ist einer von denen. Und er leugnete abermals. Und nach einer kleinen Weile sprachen die, die dabeistanden, abermals zu Petrus: Wahrhaftig, du bist einer von denen; denn du bist auch ein Galiläer. Er aber fing an, sich zu verfluchen und zu schwören: Ich kenne den Menschen nicht, von dem ihr redet. Und alsbald krähte der Hahn zum zweiten Mal. Da gedachte Petrus an das Wort, das Jesus zu ihm gesagt hatte: Ehe der Hahn zweimal kräht, wirst du mich dreimal verleugnen. Und er fing an zu weinen.

Petrus befand sich nicht in Todesgefahr als er behauptete nicht zu Jesus zu gehören. Eine Frau sprach ihn an, und Frauen waren zur damaligen Zeit als Zeuginnen nicht eidesfähig. Außerdem wäre es nur zu einer Verurteilung gekommen, wenn mindestens zwei Zeugen das Unrecht bekundeten. Allerdings, und dessen war sich auch Petrus bewusst, wenn er sich im Hof des Hohenpriesters zu Jesus bekannt hätte, wären da sicherlich schnell viele Zeugen parat gewesen, die Petrus als Anhänger Jesu identifiziert hätten.
Petrus spürte genau, dass er immer mehr in Bedrängnis geriet. Zuerst leugnete Petrus, dass er Jesus kennt, dann schwor er und zuletzt „fing er an sich zu verfluchen und zu schwören". Petrus spürte eine Schlinge um seinen Hals, die sich immer weiter zuzog, und er hatte nur noch einen Gedanken: Ich muss da herauskommen! Petrus konnte nicht zur Wahrheit stehen, weil seine Angst dies nicht zuließ. Anders als bei Jesus, der seine Angst komplett an Gott im Gebet abgab.
Der Hahnenschrei markiert einen neuen Tag. Petrus musste nicht im Dunkeln seiner Schuld bleiben. Er bekam die Chance auf einen Neuanfang. Er durfte die Schuld in der Nacht zurücklassen.

Was mein Herz berührt

Im Markusevangelium Kapitel 14 wird davon berichtet, dass Petrus zu Jesus sprach: „Und wenn ich mit dir sterben müsste, will ich dich nicht verleugnen!" Petrus pokerte hoch. Ich finde es fast überheblich, dass Petrus so etwas von sich behauptete, andererseits aber auch wirklich ehrenwert, denn welch starke Bindung musste Petrus zu Jesus verspürt haben, um eine solche Aussage zu treffen. Sie gleicht fast schon der Bindung einer Mutter zu ihrem Kind, die sich unter keinen Umständen vorstellen kann, sich gegen ihr Kind zu stellen, bzw. dass irgendeine Macht sie von der Liebe zu ihrem Kind trennen könnte. So ähnlich muss Petrus gefühlt haben. Daher ist es nicht verwunderlich, dass er nach den Ereignissen im Hof zu weinen begann. Vor Enttäuschung, vor Wut und Traurigkeit über sich selbst. Obwohl er nicht einmal in Lebensgefahr schwebte, konnte er seinen Treueschwur nicht einhalten. Trotzdem blicke ich voll Bewunderung auf Petrus, denn im Hinblick auf seine Schuld wird er ein „Großer" in meinen Augen. Denn obwohl er Schuld auf sich geladen hatte, versuchte er nicht sich rauszureden, erzählte nicht allen Leuten von seinen Taten, damit sie ihn bedauerten oder bemitleideten oder bestätigten. Nein! Er erkannte seinen Fehler, sah ihn ein und weinte – weil er seine Schuld sah. Er alleine musste in seinem Inneren einen Weg finden damit umzugehen und zurecht zu kommen.

In dieser und der vorherigen Geschichte wird uns deutlich vor Augen geführt, wie wir Menschen handeln und wie Gott handelt. Jesus selbst stand vor dem Höchsten Gericht und wusste, dass er unmittelbar vor der Todesstrafe stand. Trotzdem war er ruhig, gefasst, bereit den unumgänglichen Weg zu gehen – mit Gottes Hilfe. Er versuchte sich nicht in Ausflüchten zu retten und stand klar zu seinen Aussagen. Petrus hingegen, der sogar in Jesu Augen der Fels und somit wohl der Verlässlichste in seiner Gruppe war, handelte in Zeiten der Gefahr mehr als menschlich. Er redete sich raus, suchte seinen eigenen Vorteil und verriet den, den er doch am meisten liebte. Wie traurig – aber eben auch sehr menschlich.

Methode: Erzählung mit Gestaltungselementen

Materialien:
Text (gut lesbar)
Durch die körpereigenen Instrumente entfällt eine aufwändige Materialsuche.

Vorbereitung:
Vor der Geschichte sollte der Erzähler mit den Kindern die gesamte Palette der Geräusche ausprobieren, die in der Geschichte vorkommt. So sind die Kinder nicht nur auf die Geräusche, sondern ebenso auf die Geschichte konzentriert.

Durchführung:
Die Erzählerin liest den Text vor und macht in eingefügten Lesepausen die Geräusche mit ihrem Körper vor. Die Kinder bekommen Zeit, um die Geräusche mit- oder nachzumachen. So sind die Kinder aktiv in die Geschichte einbezogen. Die Erzählerin und die Kinder brauchen dazu ihre Stimmen, ihre Hände und Füße.

ERZÄHLUNG

Petrus dachte an den Abend. Gemeinsam haben sie gegessen *(Kaugeräusche machen)* und getrunken *(Trinkgeräusche machen)*. Eigentlich war es ein schöner, aber auch ein trauriger Abend. Jesus hatte gesagt, dass es das letzte Mal sein würde, dass sie so zusammen sind. Und noch etwas hatte Petrus traurig gemacht. Jesus hatte ihn nach dem Essen beiseite genommen und ihm gesagt: „Heute, noch in dieser Nacht, ehe der Hahn zweimal kräht *(„Kikeriki, kikeriki")*, wirst du dreimal sagen, dass du mich nicht kennst und nicht zu mir gehörst!" Doch Petrus war sich ganz sicher: „Auch wenn ich mit dir sterben müsste, würde ich immer sagen, dass ich zu dir gehöre!" Petrus dachte: „Wie konnte Jesus nur an mir zweifeln? *(„Hm?")* Wie konnte Jesus nur so schlecht von mir denken? *(„Hm?")* Hatte er denn kein Vertrauen zu mir? *(„Hm?")*"

Doch nun wurde Jesus gefangen genommen und er hatte es nicht verhindern können. Jesus war sein Freund und er konnte sich nicht vorstellen, wie es ohne ihn weitergehen könnte.

Die Soldaten hielten Jesus in einem Haus gefangen. Petrus durfte nicht in das Haus hinein. Er ging nach hinten in den Hof. Dort war es still *(einen Moment mit dem Finger auf den Lippen der Stille lauschen)*. Inzwischen war es dunkel geworden. Vorne im Hof brannte ein Feuer *(Hände aneinander reiben)*. Dort wollte Petrus sich einen Moment wärmen. Plötzlich hörte Petrus Schritte. Sie kamen immer näher. Anfangs hörte er sie nur ganz leise – mit der Zeit immer lauter *(mit den Füßen auf der Stelle gehen – zuerst leise, dann immer lauter)*.

Eine Frau sprach Petrus an: „Du bist doch auch ein Freund von diesem Jesus! Du warst doch auch immer bei ihm!" Petrus erschrak *(in die Hände klatschen)*. Aber Petrus sah die Frau an und log: „Nein! Ich weiß nicht, was du meinst!" Als Petrus den Hof verließ und nach draußen ging *(mit den Füßen auf der Stelle gehen)*, zitterten ihm die Beine *(mit den Fingerkuppen vorsichtig und leise über den Boden wischen)*. Ganz leise hörte man in der Ferne einen Hahn krähen *(„Kikeriki" – leise)*.

Die Frau aber war sich sicher. Dieser Petrus war ein Freund von Jesus. Sie flüsterte mit ihren Freunden *(leise Flüster- und Zischtöne zum Nachbarn)*. Da sagte die Frau, so dass es auch Petrus hörte: „Dieser Mann ist einer, der zu Jesus gehört!" Petrus erschrak *(in die Hände klatschen)*. Aber Petrus stritt auch dieses Mal ab und sagte: „Nein, das stimmt nicht! Ich gehöre nicht zu Jesus!"

Am liebsten wäre Petrus davongerannt *(auf der Stelle auf den Boden trampeln)*. Aber wie hätte das ausgesehen? Hätten sie ihn dann vielleicht geschnappt *(in die Hände klatschen)*?

Doch die Leute, die beieinanderstanden *(einmal das rechte, einmal das linke Bein fest auf die Erde stellen)*, gaben keine Ruhe und sprachen ihn noch einmal an: „Ganz sicher! Du bist einer von Jesus. Du kommst doch auch aus der Gegend, aus der er kommt!" Petrus erschrak wieder *(in die Hände klatschen)*. Er war verzweifelt und schrie voller Angst: „Nein! Ich kenne diesen Jesus nicht! Ich gehöre nicht zu ihm."

Petrus hörte den Hahn zum zweiten Mal krähen *(„Kikeriki" – laut rufen)*.
Er dachte an das, was Jesus ihm gesagt hatte: „Noch ehe der Hahn zweimal kräht *(„Kikeriki, kikeriki" rufen)*, wirst du dreimal sagen, dass du mich nicht kennst." Petrus wusste jetzt, dass Jesus recht hatte. Er erkannte, dass er schwach war und dass er gelogen hatte. Es tat Petrus schrecklich leid *(Hände vors Gesicht schlagen)* und er fing bitterlich an zu weinen *(Schluchz- und Weingeräusche)*.

Vertiefungsidee

Gemeinsames Philosophieren:

- Warum muss Petrus jetzt weinen?
- Was ist so schlimm für ihn?
- Wollte Petrus so antworten?
- Was hättet ihr gemacht?
- Was könnte Petrus helfen?
- Was könnte Petrus zu Jesus sagen?
- Wird Jesus Petrus verzeihen und ihn wieder gernhaben?
- Was ist Schuld?
- Habt ihr auch schon mal etwas falsch gemacht?
- Was hat euch hinterher geholfen?
- Was kann man tun, wenn man etwas falsch gemacht hat?

In der Mitte wird ein Tuch ausgebreitet. Für jede „Schuld", die genannt wird, wird ein Stein in die Mitte gelegt (auch für die Schuld von Petrus). Für jedes „Verzeihen" oder jede „Entschuldigung" wird eine Feder in die Mitte gelegt. Daraus kann auch ein Fürbittgebet entstehen.

Gestaltung eines Ostergärtchens
Materialien:

- Petrus-Figur (Kegelfigur, braun angezogen)
- Drei Personen-Figuren (Kegelfiguren, bunt angezogen)
- Kieselsteine für den Hof des Hohenpriesters
- Schleichtier-Hahn

Lieder

- Bist du groß oder bist du klein, oder mittendrin (Meine Lieder, deine Lieder Nr. 125)

Lieber Gott,
manchmal fühlen wir uns stark und mutig.
Wir haben das Gefühl,
dass niemand uns besiegen
oder uns weh tun kann.
Es gibt aber auch Tage,
da merken wir, wie schwach wir sind.
Wir stellen fest, wie schnell wir
etwas Falsches tun und dass wir klein sind.
Bitte sei bei uns in den starken und schwachen Tagen,
wenn wir uns groß fühlen
und wenn wir uns klein fühlen,
wenn wir Richtiges tun
und wenn wir etwas falsch machen.
Hilf uns durch alle Zeiten in unserem Leben.
Amen.

Material auf CD-Rom

Warum muss Petrus jetzt weinen?	Was ist so schlimm für ihn??	Wird Jesus Petrus verzeihen und ihn wieder gernhaben?	Was ist Schuld?
Wollte Petrus so antworten?	Was hättet ihr gemacht?	Habt ihr auch schon mal etwas falsch gemacht?	Was hat euch hinterher geholfen?
Was könnte Petrus helfen?	Was könnte Petrus zu Jesus sagen?	Was kann man tun, wenn man etwas falsch gemacht hat?	

Jesus wird verurteilt

Markus 15, 1-20

Jesus vor Pilatus

Und alsbald am Morgen hielten die Hohenpriester Rat mit den Ältesten und Schriftgelehrten, dazu der ganze Hohe Rat, und sie banden Jesus und führten ihn ab und überantworteten ihn Pilatus. Und Pilatus fragte ihn: Bist du der König der Juden? Er aber antwortete ihm und sprach: Du sagst es. Und die Hohenpriester beschuldigten ihn hart. Pilatus aber fragte ihn abermals und sprach: Antwortest du nichts? Siehe, wie hart sie dich verklagen! Jesus aber antwortete nichts mehr, sodass sich Pilatus verwunderte.

Jesu Verurteilung und Verspottung

Er pflegte ihnen aber zum Fest einen Gefangenen loszugeben, welchen sie erbaten. Es war aber einer, genannt Barabbas, gefangen mit den Aufrührern, die beim Aufruhr einen Mord begangen hatten. Und das Volk ging hinauf und bat, dass er tue, wie er ihnen zu tun pflegte. Pilatus aber antwortete ihnen: Wollt ihr, dass ich euch den König der Juden losgebe? Denn er erkannte, dass ihn die Hohenpriester aus Neid überantwortet hatten. Aber die Hohenpriester wiegelten das Volk auf, dass er ihnen viel lieber den Barabbas losgebe. Pilatus aber antwortete wiederum und sprach zu ihnen: Was wollt ihr dann, dass ich tue mit dem, den ihr den König der Juden nennt? Sie schrien abermals: Kreuzige ihn! Pilatus aber sprach zu ihnen: Was hat er denn Böses getan? Aber sie schrien noch viel mehr: Kreuzige ihn! Pilatus aber wollte dem Volk Genüge tun und gab ihnen Barabbas los und ließ Jesus geißeln und überantwortete ihn, dass er gekreuzigt würde. Die Soldaten aber führten ihn hinein in den Palast, das ist ins Prätorium, und riefen die ganze Kohorte zusammen und zogen ihm einen Purpurmantel an und flochten eine Dornenkrone und setzten sie ihm auf und fingen an, ihn zu grüßen: Gegrüßet seist du, der Juden König! Und sie schlugen ihn mit einem Rohr auf das Haupt und spien ihn an und fielen auf die Knie und huldigten ihm. Und als sie ihn verspottet hatten, zogen sie ihm den Purpurmantel aus und zogen ihm seine Kleider an. Und sie führten ihn hinaus, dass sie ihn kreuzigten.

WICHTIG

Der römische Statthalter war für die Bestätigung und Vollstreckung der Todesurteile zuständig. Deshalb musste Jesus nach der „Verhandlung" im Hohen Rat zu Pilatus gebracht werden. Bei den Juden galt Pilatus als grausam, karrierebesessen und habgierig. Zehn Jahre lang war er Statthalter für die Gegenden um Judäa und Samaria. Er musste als Vertreter des Kaisers in Rom für Ruhe und Ordnung im Land sorgen. Weil es um die hohen Feste in den großen Städten immer viele Unruhen gab, war Pilatus zum Passafest in Jerusalem, um persönlich für Ordnung zu sorgen.

Im jüdischen Volk war Pilatus nicht hoch angesehen. Die Juden hatten nicht das Gefühl, dass er ihnen und ihrem Glauben mit Respekt begegnete. Weil er das gesamte Volk nicht besonders ernst nahm, war ihm wahrscheinlich auch die Verurteilung dieses Königs der Juden zuwider. Aber da er für den Kaiser in Rom arbeitete und handelte, musste er sein Amt im Sinne des Kaisers ausführen. Und um die aufkeimende Unruhe im Anfangsstadium zu ersticken, und die gewohnte Ordnung wiederherzustellen, musste Jesus verurteilt werden.

Nachdem Jesus einmal klar Position bezogen hatte, schwieg er. Er hatte gesagt, was zu sagen war. Er demonstrierte damit, dass viele Worte in einer solchen Situation kein Ausdruck von Macht und Stärke sind. Seine Macht und Stärke lagen woanders. Genau dieses spürte auch Pilatus. Deshalb kam es zu seinem letzten Versuch, Jesus frei zu lassen, indem er das Volk fragte. Doch das Volk war bereits so aufgewiegelt und voller Hass, dass es nur einen Gedanken hatte: Jesus musste gekreuzigt werden. Obwohl Pilatus eine so hohe Stellung innehatte, obwohl er äußerlich so viel Macht zugesprochen bekam, konnte er im entscheidenden Moment doch nicht nach seiner Einstellung und seinem Empfinden handeln. Er musste Jesus zum Tode verurteilen, weil er sich dem Willen der Masse beugen musste. Dies ist ein eindrucksvolles Zeichen von Schwäche für einen Mann in einer mächtigen Position.

Die Soldaten verspotteten Jesus, sie machten ihn lächerlich. Sie kehrten das Bild eines Königs um, erniedrigten ihn, ließen ihn ihre Macht spüren. Doch gerade in seinen schlimmsten Stunden war das Verhalten von Jesus königlich. Er klagte nicht, er verurteilte nicht, er schlug nicht zurück. Jesus zeigte uns, wie wir würdig in jeder Lebenssituation leben können. Und dies hat nichts damit zu tun, wie andere uns behandeln, nein das hat alleine mit unserem Verhalten uns selbst gegenüber zu tun. Indem wir unser Leben und Leiden in Gottes Hände legen und ihm vertrauen, können wir aushalten und ertragen, was uns an Last, Demütigung und Schmerz auferlegt ist.

Was mein Herz berührt

Fragen wir uns, wo wir in dieser Geschichte stehen:

- Sind wir ganz hinten im Volk und halten Augen und Ohren zu, um die Ungerechtigkeit, die unserem Freund Jesus widerfährt, irgendwie auszuhalten?
- Oder sagen wir: „Nein, diesen Jesus, den kennen wir nicht! Zu ihm gehören wir nicht! Von dieser Sache haben wir noch nichts gehört!"?
- Oder sind wir bei denjenigen im Volk, die sich mitreißen lassen von der Menge und rufen: „Kreuzige ihn, kreuzige ihn!"
- Oder sind wir sogar ein Teil der Aktiven, die Jesus verspotten, die ihn foltern, die ihn fesseln und letztendlich töten?

Voller Zuversicht möchten wir natürlich sagen, dass wir uns für Jesus eingesetzt hätten, dass wir treu zu ihm gestanden wären und wir ohne Angst jedem Angreifer entgegengetreten wären. Doch können wir uns dessen wirklich sicher sein? Wie würden wir uns herausreden, wenn es brenzlig würde und vielleicht sogar unser eigenes Leben auf dem Spiel stehen würde?

Erzählung mit Fühlsäckchen und unterschiedlichen Spielfiguren

Materialien:
- Vier Fühlsäckchen
- Viele Spielfiguren
- Dornenkrone, roter Stoff, Kreuz

Vorbereitung:
- Der Einfachheit halber verwende ich mehrere Fühlsäckchen
- Im ersten Säckchen sind viele rote Spielfiguren (idealerweise so viele wie Kinder anwesend sind). Sie sind der Hohe Rat.

- Im zweiten Säckchen sind blaue Spielfiguren (idealerweise so viele wie Kinder anwesend sind). Sie sind die Soldaten.
- Im dritten Säckchen befinden sich viele unterschiedlich farbige Spielfiguren (wieder entsprechend der anwesenden Kinderzahl). Sie sind das Volk.
- Im vierten Säckchen befindet sich ein Kreuz, eine Dornenkrone und ein Stück roter Stoff. Die Dornenkrone sollte im Anschluss an die Erzählung von den Kindern unbedingt angefasst und betrachtet werden.
- Etwas versteckt habe ich eine weiße bzw. hellgelbe Spielfigur für Jesus, eine lila Spielfigur für Pilatus und eine schwarze für Barabbas.

Durchführung:
Während der Erzählung ziehen die Kinder und ich aus dem Säckchen die entsprechenden Figuren und stellen sie auf den Tisch. Sie verdeutlichen symbolhaft die Geschehnisse in der Geschichte. Durch die Säckchen sind die Gegenstände nicht sofort zu sehen und die Spannung bleibt während der gesamten Geschichte erhalten.

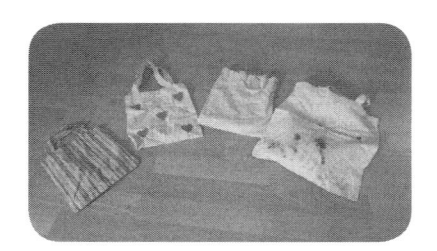

ERZÄHLUNG

Die ältesten und klügsten Männer waren sich einig: Jesus musste weg! Er sollte sterben. Weil sie aber dies nicht bestimmen konnten, musste Jesus zu einem anderen Mann gebracht werden. Dieser Mann hieß Pontius Pilatus. Er musste nun entscheiden, wie es mit Jesus weitergehen sollte.

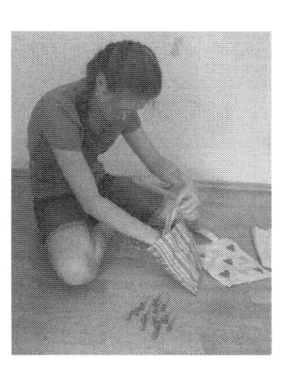

(rote Spielfiguren aus dem Säckchen holen und hinstellen)

Deshalb brachten die Soldaten Jesus zu Pontius Pilatus. Er hatte viel zu sagen und war ein Mann, der das ausführte, was der Kaiser in Rom wollte.

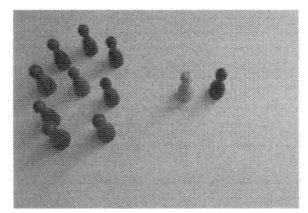

(blaue Spielfiguren aus dem Säckchen holen und aufstellen. Eine weiße oder gelbe Figur für Jesus dazustellen und eine lila Figur (alternativ auch eine große rote oder ähnliches) für Pontius Pilatus)

Pontius Pilatus fragte Jesus: „Bist du der König der Juden?" Jesus antwortete nur drei Worte und sagte: „Du sagst es!"

Da riefen die ältesten Männer durcheinander und einer sagte: „Jesus sagt, er ist Gottes Sohn!" Ein anderer rief: „Er bringt das ganze Volk durcheinander!" Pilatus fragte Jesus noch einmal: „Willst du nichts dazu sagen? Hörst du nicht, was sie Schlimmes über dich erzählen?" Doch Jesus antwortete nichts mehr. Er blieb stumm. Pilatus wunderte sich: „Warum verteidigt sich Jesus nicht? Warum bleibt er still? Irgendetwas stimmt doch hier nicht!"

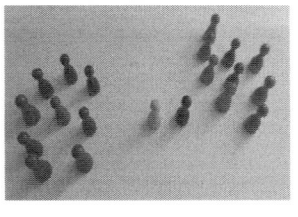

(rote Spielfiguren in die Nähe von Jesus- und Pilatus-Figuren stellen)

Pilatus dachte nach. Zum Passafest, das in diesen Tagen gefeiert wurde, durfte Pilatus einen Gefangenen frei lassen. Dazu musste er die Menschen befragen, die sich hier versammelt hatten, wer freikommen und wer zum Tode verurteilt werden sollte. „Das ist meine Chance", dachte Pilatus. „Mein Gefühl sagt mir, dass Jesus kein schlechter Mensch ist. Ich glaube nicht, dass er etwas Böses getan hat. Am liebsten würde ich ihn frei lassen."

(eine schwarze Spielfigur für Barabbas dazustellen)

Bei Pilatus war noch ein anderer Mann. Er hieß Barabbas. Er hatte einen anderen Menschen umgebracht. Er war ein schlimmer Mann. Pilatus dachte: „Die Menschen hier können doch gar nicht anders, als Jesus frei zu geben und Barabbas zu verurteilen. Wenn einer sterben muss, dann doch Barabbas und nicht Jesus!"

Pilatus trat vor die Menschenmenge, die versammelt war: „Wollt ihr, dass ich Jesus, den König der Juden freilasse?"

Doch die ältesten und mächtigen Männer riefen dem Volk zu: „Pilatus soll Barabbas frei lassen!" „Jesus wird mächtig und stark werden! Jesus ist gefährlich!" „Jesus soll sterben!"

(Barabbas- Figur wieder wegnehmen)

Pilatus aber hörte, was gesprochen wurde und rief: „Was soll ich denn mit Jesus, diesem König der Juden tun?"

Und die Menschen schrien laut: „Kreuzige ihn!"

Pilatus aber wollte und konnte es nicht verstehen. Noch einmal wollte er die Menschen zum Nachdenken bringen: „Aber was hat er denn schlimmes getan?" Doch die Menge rief nun immer wieder: „Kreuzige ihn!"

Pilatus musste einsehen, dass alles nichts nützte. Die Menschen wollten, dass Jesus getötet wurde. Und so ließ er schweren Herzens Barabbas frei und übergab Jesus den Soldaten, damit sie ihn ans Kreuz schlugen.

(das Kreuz aus dem Säckchen holen und dazu legen)

Doch die Soldaten waren mit Jesus noch nicht fertig. So groß war ihr Hass inzwischen auf Jesus geworden. Sie zogen ihm einen purpurroten Mantel an. So wie einem König.

(roten Stoff aus dem Säckchen holen und dazu legen)

Und sie flochten ihm eine Krone aus stacheligen Dornen. Diese setzten sie Jesus auf den Kopf. Sie machten sich lustig über ihn und begrüßten ihn grinsend: „Gegrüßt seist du, du König!"

Sie schlugen Jesus und spuckten ihn an. Und dann fielen sie auf die Knie und taten so, als würden sie ihn anbeten.

Immer wieder lachten sie ihn aus.

Dann zogen sie ihm den Mantel wieder aus und seine eigenen Kleider wieder an und führten ihn hinaus, damit sie ihn ans Kreuz nageln konnten.

(Dornenkrone aus dem Säckchen holen und dazu legen)

Vertiefungsidee

Spiel: Wer bist Du?

Ein Kind wird vor die Türe geschickt. Es bekommt gesagt, als welche Person es den Raum wieder betreten soll, z. B. als Pilatus, als Petrus, als Soldat, als ein Mitglied des Hohen Rates, ...
Den Kindern im Raum wird gesagt, dass das Kind nicht als „Jonas" wieder hereinkommt, sondern dass es nun eine Person spielt, die wir in unserer Passionsgeschichte bereits kennengelernt haben. Die Kinder dürfen der Person nun Fragen stellen, die sie mit „Ja" oder „Nein" beantworten muss, und so herausfinden, wer gerade in den Raum gekommen ist. Zur Hilfestellung kann man dem Kind draußen noch ein paar Hinweise geben, die wichtig sind und es auch im Spiel, wenn es Rede und Antwort stehen muss, unterstützen. Sind die Kinder noch im Kindergartenalter, kann auch die Erzieherin in die Rolle der „historischen Person" schlüpfen.

Gestaltung eines Ostergärtchens

- Drei Personen-Figuren (Kegelfiguren, bunt angezogen)
- Soldat (eine oder mehr Sisalpuppen, angezogen mit Speer und Waffen)
- Jesus-Figur (Sisalpuppe, weiß angezogen, mit Kopfumhang)
- Pilatus-Figur (Sisalpuppe, weiß-braun-rot angezogen)
- Sand oder Steine als Untergrund
- Dornenkrone (aus Rosenzweigen vorsichtig gebunden)
- Roter Mantel

Lieder

- Bewahre uns, Gott (Evang. Kindergesangbuch Nr. 213)

Lieber Gott,
heute haben wir eine schreckliche Geschichte gehört.
Ich kann nicht verstehen, warum die Menschen Jesus töten wollten.
Ich kann auch nicht verstehen, warum sie Jesus verspottet haben.
Und ich verstehe nicht, warum Jesus sich nicht gewehrt hat.
Ich bin mir aber ganz sicher, dass du zu jeder Zeit bei Jesus warst und ihn stark gemacht hast.
Dafür danke ich dir!
Amen.

Jesus muss sterben

Lukas 23, 26- 49

Jesu Weg nach Golgatha
Und als sie ihn abführten, ergriffen sie einen, Simon von Kyrene, der vom Feld kam, und legten das Kreuz auf ihn, dass er's Jesus nachtrüge. Es folgte ihm aber eine große Volksmenge und viele Frauen, die klagten und beweinten ihn. Jesus aber wandte sich um zu ihnen und sprach: Ihr Töchter von Jerusalem, weint nicht über mich, sondern weint über euch selbst und über eure Kinder. Denn siehe, es wird die Zeit kommen, in der man sagen wird: Selig sind die Unfruchtbaren und die Leiber, die nicht geboren haben, und die Brüste, die nicht genährt haben! Dann werden sie anfangen zu sagen zu den Bergen: Fallt über uns!, und zu den Hügeln: Bedeckt uns! Denn wenn man das tut am grünen Holz, was wird am dürren werden?

Jesu Kreuzigung und Tod
Es wurden aber auch andere hingeführt, zwei Übeltäter, dass sie mit ihm hingerichtet würden. Und als sie kamen an die Stätte, die da heißt Schädelstätte, kreuzigten sie ihn dort und die Übeltäter mit ihm, einen zur Rechten und einen zur Linken. Jesus aber sprach: Vater, vergib ihnen; denn sie wissen nicht, was sie tun! Und sie verteilten seine Kleider und warfen das Los darum. Und das Volk stand da und sah zu. Aber die Oberen spotteten und sprachen: Er hat andern geholfen; er helfe sich selber, ist er der Christus, der Auserwählte Gottes. Es verspotteten ihn auch die Soldaten, traten herzu und brachten ihm Essig und sprachen: Bist du der Juden König, so hilf dir selber! Es war aber über ihm auch eine Aufschrift: Dies ist der Juden König. Aber einer der Übeltäter, die am Kreuz hingen, lästerte ihn und sprach: Bist du nicht der Christus? Hilf dir selbst und uns! Da antwortete der andere, wies ihn zurecht und sprach: Fürchtest du nicht einmal Gott, der du doch in gleicher Verdammnis bist? Wir sind es zwar mit Recht, denn wir empfangen, was unsre Taten verdienen; dieser aber hat nichts Unrechtes getan. Und er sprach: Jesus, gedenke an mich, wenn du in dein Reich kommst! Und Jesus sprach zu ihm: Wahrlich, ich sage dir: Heute wirst du mit mir im Paradies sein. Und es war schon um die sechste Stunde, und es kam eine Finsternis über das ganze Land bis zur neunten Stunde, und die Sonne verlor ihren Schein, und der Vorhang des Tempels riss mitten entzwei. Und Jesus rief laut: Vater, ich befehle meinen Geist in deine Hände! Und als er das gesagt hatte, verschied er. Als aber der Hauptmann sah, was da geschah, pries er Gott und sprach: Fürwahr, dieser Mensch ist ein Gerechter gewesen! Und als alles Volk, das dabei war und zuschaute, sah, was da geschah, schlugen sie sich an ihre Brust und kehrten wieder um. Es standen aber alle seine Bekannten von ferne, auch die Frauen, die ihm aus Galiläa nachgefolgt waren, und sahen das alles.

WICHTIG

Die Kreuzigung war auch zu damaliger Zeit keine alltägliche Strafe. Sie wurde eigentlich nur über Sklaven und Schwerverbrecher verhängt. Warum hat ausgerechnet Jesus diese Strafe über sich ergehen lassen müssen? Die Kreuzigung war ein besonders grausames und langsames Sterben. Es wurde auch deswegen gewählt, um andere Menschen einzuschüchtern und abzuschrecken. Jesus wurde gekreuzigt inmitten von zwei Schwerverbrechern. Weil sein Kreuz in der Mitte stand, galt er als der „Schlimmste", der die größte Schuld auf sich geladen hatte.

Einen interessanten Blickwinkel bieten die Evangelisten bezüglich der letzten Worte, die Jesus am Kreuz sprach. Matthäus und Markus hören die Worte: „Mein Gott, mein Gott, warum hast du mich verlassen." Lukas schreibt in seinem Buch. „Vater vergib ihnen; denn sie wissen nicht, was sie tun!" Zum mitgekreuzigten Verbrecher neben ihm, sagte Jesus: „Wahrlich ich sage dir: Heute wirst du mit mir im Paradies sein." Und zuletzt rief Jesus laut: „Vater ich befehle meinen Geist in deine Hände." Bei Johannes sind die letzten Worte Jesus: „Es ist vollbracht." Vorher vertraut er noch Johannes Maria als seine Mutter an und Johannes sollte in Zukunft Marias Sohn sein. Und Jesus rief: „Mich dürstet!"
Wie kam es nun zu diesen völlig unterschiedlichen Niederschriften? Es wäre möglich, dass unterschiedliche Zeugen zu unterschiedlichen Zeiten am Kreuze Jesus anwesend waren und den Evangelisten später davon berichtet haben. Gut denkbar ist aber auch, dass die Evangelienschreiber sich auf die Worte aus dem Alten Testament berufen haben und je nach ihrem Gottesbild Jesus die Worte in den Mund gelegt haben. So finden wir im Psalm 22, Vers 2 genau folgendes Zitat: „Mein Gott, mein Gott, warum hast du mich verlassen?" Es könnte sein, dass Jesus in tiefster Not und mit letzter Kraft versuchte diesen Psalm zu beten und wegen des Nachlassens seiner körperlichen Kräfte nicht weiterkam. Es kann aber auch sein, dass Jesus in der Stunde des Todes wirklich wie ein Mensch litt und sich von Gott verlassen fühlte. Vielleicht ist er dann auch genauso gestorben? Vielleicht fühlte er sich fern von Gott und hat ihn angeklagt? Darf nicht auch Jesus im größten Leiden mehr Mensch als Gott gewesen sein? Wie viel näher kommt er uns dadurch! Wenn wir ihn so sehen können, können wir unsere eigene Verzweiflung und unsere Stunden der Gottesferne vielleicht besser annehmen.
Lukas sah in Jesus den, der bis zum Ende an die anderen dachte. Er legte bei seinem Vater ein gutes Wort für die ein, die ihn so quälten. Er dachte an den Mann neben ihm und versprach ihm: „Noch heute wirst du mit mir im Paradiese sein!". Nur im allerletzten Satz dachte Jesus an sich selbst: „Vater, ich befehle meinen Geist in deine Hände!" Die vertrauensvolle Anrede „Vater" klingt nach

Gottesnähe – im Gegensatz zu der Aussage bei Matthäus und Markus: „Mein Gott, mein Gott". „Es ist vollbracht!" im Johannesevangelium bezeugt, dass sich Jesus immer als Auftragsausführer eines göttlichen Plans gesehen hat. Mit seinem Tod hatte er das Seine vollbracht und getan, was er tun konnte und musste. Dieser Ausruf wirkt versöhnlich mit seinem Schicksal und seiner Aufgabe.

Was mein Herz berührt

Bewusst habe ich mich dafür entschieden, die Kreuzigung von einer Person, die weit weg stand, verfolgen zu lassen. So kann man im wahrsten Sinne des Wortes die Augen vor der grausamen Wirklichkeit verschließen. Man muss nicht jedes Detail des Todeskampfes schildern. Die Kinder haben allerdings häufig ein sehr praktisches Interesse an den genauen Fakten, die zum Tode eines Menschen führen. So ist die Frage: „Wie konnten die Menschen Jesus an das Kreuz annageln?", eine Frage, auf die man vorbereitet sein sollte.
Der senkrechte Holzpfosten war in der Regel schon an Ort und Stelle der Hinrichtung festgemacht. Wahrscheinlich hat Jesus auch nur den Querbalken des Kreuzes den Berg Golgatha hoch getragen. Jesus wurde an den Handgelenken an diesen Querbalken genagelt. Anschließend wurden Mensch und Querbalken nach oben an den senkrechten Pfosten gehoben und miteinander verbunden.

Wenn man sich medizinisch mit der Folter und dem Sterbeprozess Jesu auseinandersetzt, wird einem erst bewusst, wie grausam die Menschen mit Jesus umgegangen sind und wozu Menschen in der Lage sind. Diese Wahrheit ist den Kindern unbedingt vorzuenthalten. Der Tod Jesu Christi allerdings ist klar zu benennen und auszusprechen, zumal er allgegenwärtig ist. Kreuze sind in allen Kirchen und an vielen Wegen angebracht und es ist wichtig, die Kinder nicht vom Tode fernzuhalten. Kinder interessieren sich für den Tod – und auch für den Tod Jesus. Je offener und ehrlicher wir die Geschichte erzählen, umso ehrlicher werden auch die Kinder mit ihren Fragen und Unsicherheiten auf uns zukommen. Und nur in dieser Situation haben wir die Chance, miteinander ins Gespräch zu kommen und uns über den Tod und das Leben auszutauschen.
Die Entscheidung, die Version aus dem Lukasevangelium als Grundlage meiner Erzählung zu nehmen, entstand aufgrund des letzten Satzes Jesus am Kreuz. Ich finde, für die Kinder wirkt der Satz „Vater, meinen Geist befehle ich in deine Hände!" versöhnlicher und weniger verzweifelt als „Mein Gott, mein Gott, warum hast du mich verlassen" aus dem Markus- oder Matthäus-Evangelium. Außerdem finde ich die Vorstellung schön, dass Jesus selbst in seinen letzten Stunden seine Mitmen-

schen fest im Blick hatte. Es ist zwar eine übermenschliche Vorstellung, aber wenn nicht Jesus diese Vorstellung erfüllen konnte, wer dann?

WICHTIG: Je jünger die zuhörenden Kinder sind, umso wichtiger erachte ich es, die grausamen Details der Geschichte herauszulassen. Es geht nicht darum, die Tatsachen zu beschönigen, aber die Geschichte trotzdem so zu erzählen, dass sie verkraftbar für die Kinder bleibt.
Behalten Sie deshalb Ihre Kindergruppe gut im Auge. Erzählen Sie möglichst frei. Die Geschichte um Jesu Kreuzigung darf berühren, sie darf Traurigkeit und Mitgefühl hervorrufen. Aber sie darf unter keinen Umständen die Kinder durch Einzelheiten verstören und ängstigen. Sie dürfen genau so viel schildern, wie das jüngste und sensibelste Kind verkraften und verarbeiten kann.

Erzählung mit einem selbst gestalteten Großbilderbuch

Benötigte Materialien: große Blätter (evtl. Flipchart), Pastellkreide, Haarspray

Vorbereitungsarbeit:
- Die Symbole und Szenen der Geschichte werden auf große Blätter aufgemalt.
- Es ist wichtig, nur eine Szene oder ein Symbol pro Blatt aufzumalen.
- Die Bilder sollten mit Pastellkreide gemalt und anschließend mit Haarspray fixiert werden.

Anhand der Geschichte werden schematische Zeichnungen in Großformat vor dem Erzählen angefertigt. Die Zeichnungen sind absichtlich sehr vereinfacht, teils symbolhaft, nie in die Einzelheiten gehend. Die Bilder beschränken sich auf die Charakteristika der Szenen.

Durchführung:
- Die Erzählung selbst sollte sehr frei zu den Bildern vorgetragen werden.
- Die Bilder werden zur jeweiligen Episode der Geschichte gezeigt.
- Anregungen der Kinder können mit aufgenommen werden.

ERZÄHLUNG

Elisabeth ist eine gute Freundin von Jesus. Sie war häufig mit ihm unterwegs und hat viel von ihm gelernt und gehört.

Auch vor ein paar Tagen war Elisabeth ganz in der Nähe von Jesus. Er stand vor wichtigen Leuten. Sie haben ihm Fragen gestellt. Jesus war ganz mutig. Er hat ihnen gesagt, dass er Gottes Sohn sei. Da bekamen die Menschen Angst vor Jesus. Sie hatten Angst, dass er mehr Kraft und Macht bekäme, als alle anderen. Deshalb beschlossen die Menschen: Jesus sollte sterben. Sie haben gerufen: „Kreuzige ihn!" Nur wenn er tot wäre, konnte er nicht mehr gefährlich werden.

Elisabeth steht jetzt am Weg und kann genau sehen, was nun geschieht. Sie sieht Jesus. Er selbst soll dieses schwere Kreuz den Berg nach Golgatha hinauftragen. Und viele Menschen sind gekommen. Elisabeth ist umgeben von Frauen und Männern, die alle sehen wollen, was nun mit Jesus geschieht. Alle ziehen sie mit Jesus los. Plötzlich bemerkt Elisabeth Unruhe. „Was ist los?" Als sie sich streckt, um über die Köpfe der Menschen zu blicken, sieht sie, dass Jesus am Boden liegt.

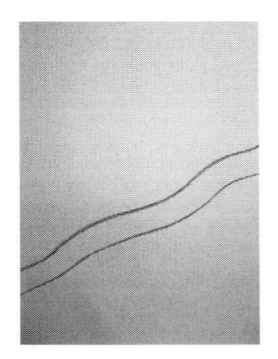

Das Kreuz liegt über ihm. Jesus kann nicht mehr. Er ist zusammengebrochen, weil das Kreuz zu schwer war. Elisabeth beobachtet, wie die Soldaten mit einem Mann sprechen. Sie rufen: „Simon, wir brauchen dich!"

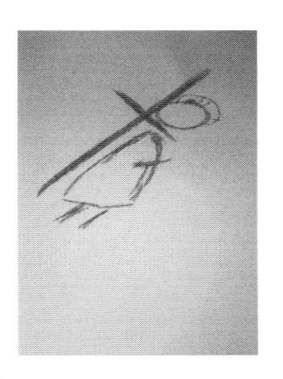

Dieser Mann – Simon aus Kyrene - soll nun für Jesus das Kreuz tragen. Dieser Mann ist kräftig. Er wird das schaffen. Alle ziehen weiter.

Von weitem bemerkt Elisabeth, dass schon zwei Kreuze dort oben auf Golgatha stehen. Ob wohl auch Jesu Kreuz dort aufgestellt wird?! Plötzlich verlässt Elisabeth die Kraft. Sie will nicht mehr weitergehen. Sie will nicht sehen, was sie mit Jesus machen werden. Die Menschen laufen weiter. Elisabeth bleibt weit hinten stehen. Sie sieht wie die Menge in Richtung der Kreuze wandern. Als sie oben ankommen, geschieht eine Zeit lang nichts. Elisabeth wartet und kann nicht aufhören, zu den vielen Menschen zu sehen.

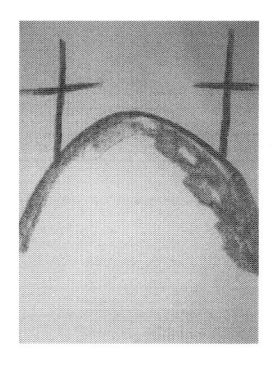

Plötzlich sieht sie, wie das dritte Kreuz dazu gestellt wird. Und tatsächlich: obwohl es so weit weg ist, sieht Elisabeth genau, dass es Jesus ist, der dort hängt. Plötzlich weiß sie, was sie tun muss: „Ich muss zu Jesus. Jetzt! Ich will ihm sagen, dass ich ihn gern habe. Ich will noch einmal seine Nähe spüren."
Eilig macht sich Elisabeth auf den Weg. „Hoffentlich komme ich nicht zu spät!", denkt sie. „Ob Jesus wohl schon gestorben ist? Und was die Soldaten wohl alles mit Jesus gemacht haben?" Elisabeth rennt jetzt. Fast hat sie die Kreuze erreicht.

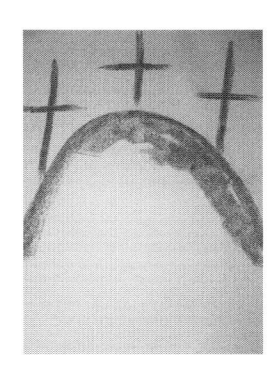

Elisabeth sieht zuerst in Jesu Gesicht und erschrickt fürchterlich: Jesus ist fast weiß im Gesicht. Richtig verändert sieht er aus. Sie sieht eine Dornenkrone auf seinem Kopf. „Jesus" flüstert sie und Tränen steigen ihr in die Augen.

Ihr Blick wandert weiter zu den Nägeln in seinen Händen und in seinen Füßen. „Oh nein, was hat man Jesus nur angetan", möchte Elisabeth am liebsten laut rausschreien. Dann sieht sie, wie Jesus an der Seite blutet. Aber er atmet noch. Sie sieht es genau. Elisabeth schließt für einen Moment die Augen.

Als sie diese wieder öffnet, bemerkt sie, wie dunkel der Himmel geworden ist. Es ist erst früher Nachmittag und doch ist es deutlich kühler und dunkler geworden. Plötzlich schreit Jesus auf: „Vater, meinen Geist befehle ich in deine Hände!" ruft er. Er neigt seinen Kopf zur Seite und stirbt. Elisabeth schluchzt laut auf und weint ganz bitterlich. „Jetzt ist es also tatsächlich geschehen!" denkt sie. „Alles ist vorbei! Jesus ist gestorben und hat mich hier zurückgelassen." Elisabeth ist unendlich traurig und geht alleine nach Hause!

Und nun?
(Stille!)

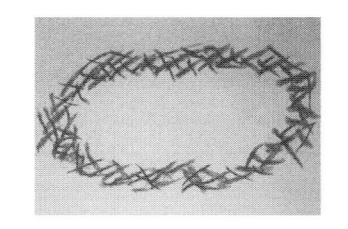

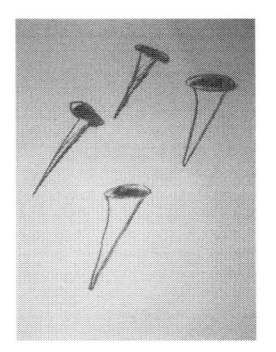

Vertiefungsidee

Kreuz als Symbol für das Leiden Jesu kennen lernen:
Ton-Karton-Kreuz mit Papier-Mosaik-Plättchen verzieren!

Gestaltung eines Ostergärtchens

Materialien:
- Jesus-Figur (Sisalpuppe, weiß angezogen, mit Kopfumhang)
- Simon-von-Kyrene-Figur (Sisalpuppe, gelb-braun angezogen)
- Berg Golgatha (Fensterschaum als Berg aufgespritzt, Moos als Auflage auf den Berg)
- Kieselsteine für den Weg
- 3 Holzkreuze
- INRI-Schild für das Holzkreuz von Jesus

(Nachdem das Schild in meiner Erzählung nicht vorkommt, könnte es für die kleineren Kinder auch weggelassen werden. Für diejenigen, die es in die Erzählung oder hier im Ostergärtchen mit aufnehmen wollen, sind folgende Hintergrundinformationen hilfreich: Es war üblich, den Rechtsgrund der Verurteilung an das Kreuz des Hingerichteten zu schreiben. Im Falle Jesus war dieser Grund: Jesus von Nazareth, König der Juden (Iesus Nazarenus Rex Iudaeorum). Dieses Schild ließ der Statthalter Pontius Pilatus am Kreuz von Jesus anbringen.)

Lieder

- Seht das Zeichen, seht das Kreuz (Kindergotteslob Nr. 235)
- Geh mit uns, auf unserm Weg (Kommt, atmet auf Nr. 068 oder Kindergotteslob Nr. 169)

Guter Gott,
diese schreckliche Geschichte ist kaum auszuhalten.
Wie traurig waren damals, die Freunde von Jesus.
Sie sind nun allein und Jesus ist nicht mehr da.
Viele Menschen sind auch heute allein.
Sie sind traurig, weil ein lieber Mensch gestorben ist und nicht mehr bei ihnen sein kann.
An diese Menschen wollen wir heute besonders denken.
Sei Du bei ihnen, gib ihnen Kraft und Stärke und lass sie nicht alleine.
Amen.

Jesus starb am Kreuz – für mich

BIBEL Lukas 23, 47 – 49

Als aber der Hauptmann sah, was da geschah, pries er Gott und sprach: Fürwahr, dieser ist ein frommer Mensch gewesen! Und als alles Volk, das dabei war und zuschaute, sah, was da geschah, schlugen sie sich an die Brust und kehrten wieder um. Es standen aber alle seine Bekannten von ferne, auch die Frauen, die ihm aus Galiläa nachgefolgt waren, und sahen das alles.

WICHTIG

Ich wünsche mir für Jesus, dass genau das eingetreten ist, was in der Bibelstelle oben beschrieben wird. Dass der Soldat und alle Menschen unter dem Kreuz erkannten: „Was haben wir nur getan? Warum haben wir diesen Menschen gefoltert, gequält und getötet. Er war ein frommer Mann! Er gehörte zu Gott. Er hatte nur Gutes im Sinn. ER war Gottes Sohn." Wenn das die Menschen damals angesichts des Todes Jesu begriffen, dann war sein Leiden und Sterben nicht umsonst. Wenn sie damals (und heute) verstanden, dass sie umkehren mussten, dass sie nicht weiterhin sündigen sollten, niemand mehr quälen sollten, sondern zu Christen werden sollten, die die Liebe Gottes an ihre Nächsten weitergeben wollten, dann wird uns klar, dass Jesus wirklich für uns gestorben ist.

Traurig, dass Jesus dafür in den Tod gehen musste. Und heute, nach über 2000 Jahren, frage ich mich manchmal, wie viel wir davon noch wissen, was dieser Jesus für uns getan hat und warum er für uns gestorben ist. Umso wichtiger ist es, dass wir den Kindern von Jesu Leben und seinem Sterben erzählen, damit wir nicht vergessen: Er war Gottes Sohn. Er hat uns vorgelebt, dass wir die Menschen lieben und wir anderen helfen sollen. Er hat uns Barmherzigkeit gelehrt. Von ihm wissen wir, dass Gott uns niemals verlässt – weder in der Liebe noch im Streit, weder im Recht noch im Unrecht, weder im Leben noch im Leiden und im Tod.
Ja, Jesus ist für uns gestorben.

Was mein Herz berührt

Diese Geschichte liegt mir besonders am Herzen. Überall reden wir davon, dass Jesus für uns gestorben ist, aber woher wissen wir das? Warum ist das so? Und wie können wir das den Kindern in einer Geschichte verständlich machen?

Hatte Gott die Menschen so satt, dass er ein „Menschenopfer" forderte, um ihn mit uns Menschen zu versöhnen? Hat er seinen Sohn leiden und sterben lassen, damit Gott über unsere Sünden hinwegsehen konnte? Was für ein grausamer und herzloser Gott würde hinter so einer Tat stehen? Gott hat Abraham damals in letzter Sekunde verboten, seinen Sohn Isaak zu opfern, und nun tat er genau dies mit seinem eigenen lieben Sohn, wie er ihn bei seiner Taufe nannte!? Nein, das kann und will ich nicht glauben. Und so will ich es auch den Kindern nicht erzählen.

Im Neuen Testament erzählt Jesus uns immer von einem Gott, der die Welt und die Menschen liebt – trotz der Fehler und Sünden, die sie begehen. Wir lesen von einem versöhnlichen Gott, der die Menschen nicht strafen will. Jesus musste nicht sterben, weil Gott dies so wollte. Jesus wollte den Menschen im Leid und Tod nahe sein. Durch sein Vorbild wollte er zeigen, dass Gott auch in den schlimmsten Stunden bei uns ist, dass uns nichts trennen kann von der Liebe Gottes – auch wenn wir allein „am Kreuz hängen". Wir dürfen auf das Kreuz schauen, um uns Gott nahe zu fühlen.

Jesus wurde nicht von Gott ans Kreuz genagelt, Gott hat Jesus nicht verurteilt. Das waren die Menschen. Gott hat Jesus nicht um seine Würde beraubt, weil er ihn in den Tod geschickt hat. Gott hat sich mit der Auferweckung des toten Jesus zu seinem Sohn bekannt, sich zu ihm gestellt und ihm dadurch seine Würde zurückgegeben.
Gott gab seinen Sohn in den Tod, weil er uns so sehr liebte, nicht damit er uns durch das Geschehen am Kreuz erst lieben würde.

Erzählen mit zwei Handpuppen

Vorbereitung: zwei Handpuppen, die möglichst neutral wirken und nicht den Anschein haben, dass sie aus dem „Kasperletheater entsprungen" sind.

Es bleibt Ihnen überlassen, ob Sie zwei große Sprechhandpuppen „zu Wort kommen lassen wollen" und den Dialog mit zwei Puppen und somit mit zwei Erwachsenen gestalten, oder ob Sie vielleicht alleine agieren müssen oder wollen und dann zwei kleine Handpuppen für das Gespräch einsetzen.

Wichtig: Besonders eindrucksvoll wirkt diese Geschichte, wenn sie in einer Kirche in dem das Kreuz Jesus Christi zu sehen ist, erzählt wird. Dieses Kreuz kann wunderbar in die Geschichte mit eingebaut werden. Sollte dies nicht möglich sein, kann auch ein einfaches Kreuz an die Wand gehängt werden und die Geschichte wird mit den zwei Handpuppen vor diesem Kreuz erzählt.

Durchführung: Es ist von großem Vorteil, wenn sich die Spieler mit ganzem Herzen in die Situation und die Gefühlswelt der jeweiligen Person einfühlen und die Puppen dann entsprechend erzählen lassen. Die Zuhörer konzentrieren sich weniger auf den Erzähler und mehr auf die Puppe, das kann dem Erzähler das Sprechen und Spielen erleichtern, weil er somit aus dem Blickfeld der Zuhörer zurücktritt. Eindrucksvoll ist ganz sicher, wenn der Dialog ohne Vorlage und Ablesen gesprochen wird, was die Vorbereitung zwar deutlich intensiver und zeitaufwendiger macht, aber die Zuhörer können die Geschichte dadurch wesentlich intensiver erleben.

Achten Sie darauf, dass Sie beim Erzählen immer die sprechende Puppe im Blick haben, nicht das Publikum. Gerade bei dieser Geschichte ist es enorm wichtig, keinerlei „Kasperle-Stimmung" aufkommen zu lassen. Das erreicht man am besten mit einer sehr ernsthaften und achtsamen Erzählweise.

ERZÄHLUNG

(Eine Handpuppe wird auf die Hand gesteckt, die Puppe dreht sich nach hinten um und schaut zum Kreuz. Dann verbirgt die Puppe ihr Gesicht in den Händen und beginnt zu sprechen): „Ich muss mich kurz vorstellen: Ich bin Samuel – ein Soldat. Ich war bei denen dabei, die Jesus verhaftet haben. Ich war dabei als wir ihn ausgelacht haben, und auch unter dem Kreuz stand ich dabei. Jetzt ist alles vorbei. Ich bin auf dem Weg nach Hause. Wenn ich mich umsehe, kann ich die drei Kreuze auf dem Berg von Golgatha noch sehen. Aber ich kann den Anblick nicht mehr ertragen. Gerade ist Jesus am Kreuz gestorben. Ich kann die letzten Worte von Jesus noch

hören: „Vater, ich befehle meinen Geist in deine Hände!". Voller Glaube und Friede war seine Stimme gewesen. Jetzt bin ich mir ganz sicher: Das war Gottes Sohn. Doch er ist gestorben! Tot! Weg für immer! Noch vor ein paar Stunden habe ich mich über Jesus lustig gemacht – über diesen angeblichen König. Ich habe gelacht und ihm einen roten Mantel umgelegt – so wie man es bei einem König macht. Wir haben ihn verspottet und angespuckt. Aber nun geht es mir schlecht, weil ich merke, dass ich etwas falsch gemacht habe." *(Wieder verbirgt die Puppe ihr Gesicht in den Händen).*

„Was habe ich nur getan? Wie konnte ich nur diesem Jesus so viel Schlimmes antun? Jetzt höre ich immer wieder diesen einen Satz, den Jesus sagte, als er schon am Kreuz hing: „Vater, vergib ihnen, denn sie wissen nicht was sie tun." Sogar in seiner schlimmsten Stunde dachte Jesus an die anderen. Sogar am Kreuz wollte er den Menschen noch Gutes tun und Gott seinen Vater darum bitten, den Menschen nicht böse zu sein!" „Auch mir!", dachte Samuel. „Auch für mich hat Jesus gebetet, und das, obwohl ich wirklich alles andere als nett zu ihm war!"

(Auf dem Heimweg trifft Samuel auf Petrus. Eine zweite Handpuppe „tritt auf") „Er ist tot!", sagt Samuel. „Alles ist aus und vorbei!" *Petrus schlägt sich die Hände vors Gesicht. Er ruft:* „Oh nein! Ich mache mir solche Vorwürfe: Noch vor ein paar Tagen habe ich gesagt, dass ich Jesus nicht kenne und nichts mit ihm zu tun habe, weil ich Angst hatte, dass sie mich vielleicht auch verhaften würden. Und auch jetzt, in seinen schlimmsten Stunden, war ich nicht bei ihm. Und das, obwohl er mich doch immer sehr gern hatte." *(Die beiden Puppen, bzw. die spielenden Menschen gehen langsam nebeneinander her)* Petrus spricht: „Ich bin schuld! Hätte ich mich mehr für Jesus eingesetzt, hätte ich zu ihm gehalten, hätte ich für ihn gekämpft, dann wäre sicherlich alles ganz anders gekommen." *Petrus schüttelt den Kopf.* „Ich bin so traurig, dass ich nicht mutiger war. Was hat jetzt alles noch für einen Sinn?" *Samuel aber sagt Petrus etwas, was ihn sehr nachdenklich macht:* „Petrus, ich habe gehört, was Jesus noch am Kreuz gerufen hat. Er hat gesagt: „Vater, vergib ihnen, denn sie wissen nicht was sie tun! Weißt du, was ich glaube? Jesu Liebe zu uns Menschen ist unendlich groß. Viel größer als wir es uns vorstellen können. Er denkt sogar in seiner

dunkelsten Stunde noch an uns Menschen und das, obwohl wir alle so viel Schlimmes und Dummes machen. Er kennt uns Menschen und er weiß, wie wir wirklich sind. Aber Jesus gibt uns nicht auf. Er will, dass wir Gott nahe sind. Vielleicht ist er deswegen gestorben, damit wir das begreifen?"

(Petrus muss über diese Worte nachdenken – Stille! – Petrus-Puppe kratzt sich an der Stirn): "Ob du wirklich recht hast? Hat Jesus uns so sehr lieb, dass er vielleicht sogar für uns gestorben ist? Obwohl ich so lange mit ihm umhergezogen bin, obwohl ich so viel von ihm gelernt habe, obwohl er so viel von Gott erzählt hat, so nahe wie in den letzten Tagen habe ich mich ihm noch nie gefühlt. Gerade jetzt – in seinem Leiden und Sterben - habe ich ständig an ihn gedacht, war er ganz nahe in meinem Herzen, konnte ich gar nicht aufhören an ihn zu denken." *(Petrus dreht sich um und blickt noch einmal auf das Kreuz, an dem Jesus hängt).* „Ich kann Jesus nicht mehr erkennen, so weit ist er inzwischen entfernt, aber schau mal auf das Kreuz, das dort steht. Mir fallen dabei zwei Dinge ein:
Die Arme von Jesus sind weit ausgebreitet, so dass sie fast über den gesamten Querbalken des Kreuzes reichen. Es ist so, als würde Jesus seine Arme ausbreiten. Als wären seine Arme offen für uns Menschen. So, als würde er uns Menschen umarmen wollen. Als könnte jeder zu ihm kommen.

Und das andere: Das Kreuz, es steht fest auf der Erde. Es wurde verankert, damit es nicht umfallen kann. Der obere Teil des Kreuzes allerdings ragt in den Himmel hinein. So, als würde es Himmel und Erde miteinander verbinden." „Meinst du, Jesus verbindet am Kreuz die Menschen auf der Erde mit Gott im Himmel?" *fragt Samuel Petrus.* „Ja, wenn das so ist, dann ist nicht alles aus. Dann hatte Jesu Tod einen Sinn. Jesus ist für mich gestorben, um mich mit Gott zu verbinden. Und das gilt nicht nur für mich, sondern für alle Menschen. Für dich und für mich und für alle!"

Kreuzmeditation

„Wir stellen uns gut verteilt im Raum auf. Mit beiden Beinen stehen wir fest auf der Erde. Unser Rücken ist gerade. Unser Kopf ist gerade und aufrecht. Wir atmen ein und aus. Wir können unsere Arme nach unten hängen lassen. Die Schultern hängen ebenfalls nach unten. Wieder atmen wir ein und aus. Jetzt heben wir die Arme nach vorne, so dass sie direkt vor unserem Körper sind. Dann nehmen wir die Arme zur Seite. Die Hände zeigen offen nach vorne. Wir atmen ein und aus.

Wir können unsere Augen schließen.

(Hier erst die Augen schließen lassen, um die Bewegungen gemeinsam korrekt auszuführen, ohne dass die Kinder eine Unsicherheit spüren.)

Wir müssen nichts sprechen. Wir sind ganz bei uns. Und spüren unseren Körper.
Fühl mal:
- Stehst du fest auf der Erde?
- Wen kannst du mit deinen ausgestreckten Armen umarmen?

(Die Fragen sollten nicht aktiv von den Kindern beantwortet, sondern nur gefühlt werden!)

Nun strecke Deine Arme zum Himmel aus:
Fühl mal:
- Wie weit reichen deine Hände zum Himmel?
- Fühlst du dich groß?
- Spürst du deinen Herzschlag?

Du darfst deine Arme wieder nach unten nehmen. Du darfst deine Augen wieder öffnen und dich ganz entspannt hinsetzen. Willst du mir erzählen, wie es dir ergangen ist?"

Gestaltung eines Ostergärtchens

- Berg Golgatha (Fensterschaum als Berg aufgespritzt, Moos als Auflage auf den Berg, Buchs für Bäume)
- Kieselsteine für den Weg
- 3 Holzkreuze
- INRI-Schild für das Holzkreuz von Jesus (nach Bedarf -> siehe Vertiefungsidee zur Geschichte Jesus muss sterben)

Lieder

- Für mich gingst du nach Golgatha (Meine Lieder, deine Lieder Nr. 28)
- All eure Sorgen (Evang. Gesangbuch Nr. 631)

Lieber Jesus,
so richtig verstehen können wir es nicht, dass Du für uns am Kreuz gestorben bist.
Das ist ein großes Geschenk und wir können nur „Danke" dafür sagen.
Danke, dass Du uns nicht vergisst.
Danke, dass Du für uns da bist.
Danke, dass Du uns trotz all unserer Fehler liebst – so wie wir sind.
Danke, Jesus.
Amen.

Jesus wird ins Grab gelegt

Lukas 23, 50-56

Jesu Grablegung

Und siehe, da war ein Mann mit Namen Josef, ein Ratsherr, der war ein guter und gerechter Mann. Der hatte ihren Rat und ihr Handeln nicht gebilligt. Er war aus Arimathäa, einer jüdischen Stadt, und wartete auf das Reich Gottes. Der ging zu Pilatus und bat um den Leib Jesu und nahm ihn herab vom Kreuz, wickelte ihn in ein Leinentuch und legte ihn in ein Felsengrab, in dem noch nie jemand gelegen hatte. Und es war Rüsttag, und der Sabbat brach an. Es folgten aber die Frauen nach, die mit ihm gekommen waren aus Galiläa, und sahen das Grab und wie sein Leib hineingelegt wurde. Sie kehrten aber um und bereiteten wohlriechende Öle und Salben. Und den Sabbat über ruhten sie nach dem Gesetz.

In allen vier Evangelien wird Josef aus Arimathäa namentlich erwähnt. Unumstritten ist ebenso die Tatsache, dass er ein wohlhabender und reicher Mann war, da er ansonsten nicht im Besitz eines Felsengrabes gewesen wäre. Erstaunlich, dass er zumindest bei Matthäus und Johannes als Jünger Jesus bezeichnet wurde, denn in der Regel waren eher die Armen und Gedrückten die Freunde von Jesus und nicht in erster Linie angesehene und reiche Leute. Trotzdem bekannte sich Josef aus Arimathäa öffentlich zu Jesus. Dies geschah in jedem Fall nach Jesu Tod, vielleicht auch schon vorher. Sicher ist, dass Josef zu diesem Zeitpunkt keinerlei Nutzen mehr im diesseitigen Leben aus diesem Bekenntnis ziehen konnte. Im Gegenteil! War es vielleicht sogar gefährlich, sich mit diesem „Liebesdienst" als Jünger Jesu zu outen?

Der Rollstein wird an dieser Stelle bei Lukas nicht erwähnt. Da er aber für den weiteren Verlauf der Geschichte am Ostermorgen von entscheidender Bedeutung ist und in den anderen Evangelien auch in diesem Zusammenhang erwähnt wird, habe ich ihn in die Erzählung miteingebaut, damit die Kinder ihren roten Faden behalten und es keine Verwirrungen gibt.

Was mein Herz berührt

Warum war Josef dieses Begräbnis so wichtig? Hatte er ein schlechtes Gewissen, weil er den Tod Jesu nicht verhindern konnte, obwohl er doch, wie es im Markusevangelium steht, ein Mitglied des Hohen Rates war? Hoffte er, als einer „der auf das Reich Gottes wartete" durch diese Tat auf einen besonderen Platz im Jenseits? Wollte er Jesus als Gottes Sohn würdigen und anerkennen? Immerhin gab er mit dem Felsengrab einen Großteil seines Besitzes an Jesus ab. Oder war er einfach zutiefst überzeugt, dass Jesus mit diesem Todesurteil großes Unrecht widerfahren war? Wollte er Jesus durch dieses Begräbnis Würde und Ehre zurückgeben, die ihm durch dieses Urteil, die Demütigungen und Schmähungen genommen worden waren? Ich weiß es nicht. Über die Motive von Josef aus Arimathäa erfahren wir nichts. Aber ich denke, diese Geschichte bietet eine gute Möglichkeit mit den Kindern nachzudenken, was man anderen Menschen Gutes tun kann – im Leben und im Tode.

Erzählung als verkleideter „Beteiligter" und mit dem Zollstock

Material: Umhang, evtl. Hut und Zollstock

Vorbereitung:
Das Gestalten der Figuren aus dem Meterstab, sollte im Vorfeld geübt werden, damit auch das dargestellt wird, was man beabsichtigt.

Durchführung: Die Erzieherin verkleidet sich mit einem Umhang als Josef. Aus seiner Perspektive erzählt sie die Geschehnisse.

Wichtig: Die Leiterin sollte sich vor den Kindern ver- und wieder entkleiden. So wird klar wann die Erzieherin eine andere Rolle einnimmt und wann sie diese wieder ablegt.

Noch einfacher wird es für den Erzähler, wenn eine andere Person die Aufgabe übernimmt und die Symbole mit dem Zollstock formt.

Die verkleidete Erzieherin gestaltet während der Erzählung Figuren aus dem Zollstock. So werden symbolhaft wichtige Eckpunkte der Geschichte „markiert" und für die Kinder anschaulich.

Vorteile:
- Die Kinder versetzen sich sehr stark in die „spielende" Person. Alle Gefühle und Erlebnisse, die erzählt werden, können die Kinder nachvollziehen, verstehen und sich in die Person einfühlen.
- Die Kinder beobachten gespannt, welche Figur als nächstes aus dem Zollstock geformt wird.

ERZÄHLUNG

Eine Erzieherin verkleidet sich als Josef von Arimathäa.

„Ich bin Josef. Nein, nicht der Vater von Jesus. Ich bin ein Freund von ihm. Eigentlich muss ich sagen, dass ich ein Freund von Jesus war. Ich kann es aber immer noch nicht glauben, was geschehen ist. Jesus ist tot. Sie haben ihn ans Kreuz genagelt *(Kreuz formen und zeigen)*. Und ich konnte es nicht verhindern. Ich bin hier ein angesehener Mann. Ich kann und darf mitreden. Aber als Jesus verurteilt wurde, als er vor den klugen und ältesten Männern stand, hat niemand auf mich gehört. Ich wusste genau, dass Jesus nichts Böses getan hatte und dass niemand das Recht hatte, ihn ans Kreuz zu nageln. Aber die Menschen wollten das nicht hören. Zu groß war ihre Sorge, dass Jesus ein mächtiger Mann wird, dass er mehr zu sagen hat, als alle anderen hier im Land. Und so haben sie beschlossen, dass Jesus sterben musste. Und genau so ist es auch gekommen. Sie haben ihn ans Kreuz genagelt.

Dort ist er gestorben. Frauen, die unter seinem Kreuz gestanden sind und das mit ansehen mussten, haben in ihre großen **Taschentücher** geweint *(Taschentücher formen und zeigen)*.

Jetzt sitze ich hier und überlege was ich tun kann. Morgen ist Sabbat. Ein Feiertag. An diesem Tag dürfen wir nichts tun, auch keine Toten beerdigen. Wenn ich Jesus noch etwas Gutes tun will, wenn ich ihm noch einen letzten Dienst erweisen will, dann muss das noch heute geschehen. Ich werde zu Pontius Pilatus gehen und ihn fragen, ob ich Jesus vom Kreuz nehmen und ihn beerdigen darf. Dann bekommt er ein richtiges Grab und ich kann damit noch einmal zeigen, dass ich ihn **von Herzen** gerne habe *(Herz formen und zeigen)*. Das ist mir ganz wichtig."

(Josef geht und verlässt den Raum.)

(Wenig später betritt „Josef" erneut den Raum.)

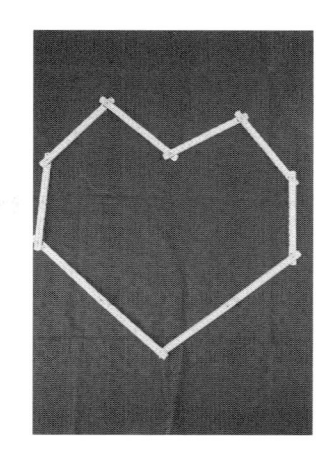

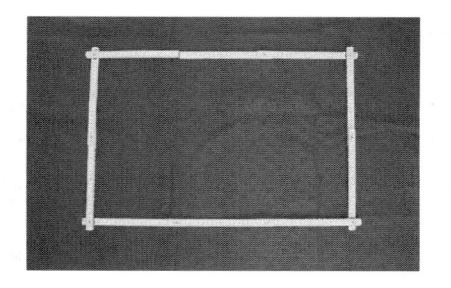

„Jetzt bin ich wieder da. Obwohl ich sehr müde und erschöpft bin, geht es mir besser. Aber ich will euch der Reihe nach erzählen: Zuerst war ich bei Pilatus und habe ihn gefragt, ob ich den toten Jesus vom Kreuz abnehmen darf und ihn beerdigen kann. Pilatus war etwas erstaunt und musste kurz überlegen, aber dann hat er es mir erlaubt. Es hat mich unglaublich erleichtert und gefreut, dass er mir das ermöglicht hat. Jetzt hatte ich wirklich die Chance, Jesus noch ein letztes Mal etwas Gutes zu tun. Und so habe ich für Jesus ein **großes Tuch** gekauft *(Tuch formen und zeigen)*, in das ich seinen Körper einwickeln konnte und bin nach Golgatha zum Kreuz von Jesus gegangen. Es war schwer für mich, die drei Kreuze zu sehen. Drei Männer, die am Kreuz gestorben waren. Und bei Jesus war ich mir sicher, dass er ein guter Mensch war. Er war Gottes Sohn. Es war nicht richtig, dass er verurteilt wurde und hier sterben musste. Das hätte nicht sein dürfen. Aber meine Gedanken halfen mir nicht weiter. Jetzt war es wichtig, noch einmal etwas für Jesus zu tun, und so habe ich ihn vom Kreuz abgenommen. Ich kann euch nicht beschreiben, was das für ein Gefühl war: Ich war unglaublich traurig, dass Jesus dies erleiden musste. Aber ich habe auch eine ganz tiefe Liebe und Zuneigung gespürt, die ich für Jesus in diesem Moment empfunden habe. Und so merkwürdig es klingen mag, auch ein bisschen Freude darüber, dass ich Jesus nach seinem Tode so nahe sein konnte.

Ich habe Jesus in das Tuch gewickelt und ihn zu einem großen Felsengrab gebracht. Und stellt euch nur vor: Ich war nicht alleine auf diesem Weg mit Jesus. Einige Frauen sind mit mir gegangen. Auch sie wollten Jesus nahe sein und ihn sehen. Auf dem Weg überlegten sie, wie auch sie Jesus noch Gutes tun konnten und sie beschlossen Jesus nach dem Sabbat mit **Ölen und Salben** einzureiben *(Salböl-Fläschchen formen und zeigen)*. Ja, zu Hause wollten sie dafür alles vorbereiten. Es war schön, nicht allein zu sein. Nicht nur ich war traurig, dass Jesus sterben musste, sondern auch diese Frauen. Und wahrscheinlich erging es noch vielen anderen Menschen ebenso.

Als ich Jesus in das Grab gelegt hatte, rollte ich einen großen Stein davor *(Stein formen und zeigen)*. Der Stein sollte den toten Körper von Jesus schützen. Niemand sollte Unfug mit ihm treiben oder ihn gar mitnehmen.

Dann habe mich von den Frauen verabschiedet. Trotz meiner Traurigkeit bin ich mit einem guten Gefühl nach Hause gegangen. Ich war Jesus in seinem Tode ganz nahe."

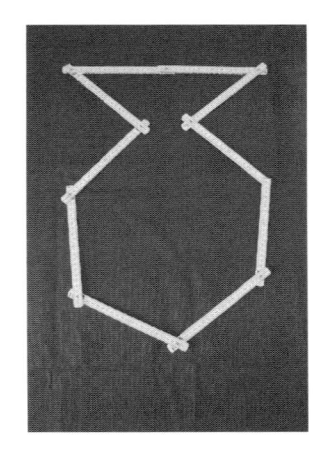

Vertiefungsidee

Bildbetrachtung

Methode zur Bildbetrachtung:

Material: ausgedrucktes Bild in einer guten Qualität und eine Taschenlampe

Durchführung:
Der Raum sollte nicht zu hell sein. Die Leiterin versammelt sich mit einer kleinen Gruppe von Kindern (ich empfehle Ihnen eine Anzahl von ca. 6) vor dem Bild. Bitten Sie die Kinder im Vorfeld nichts zu sprechen, solange Sie mit der Taschenlampe leuchten. Dann schalten Sie die Taschenlampe ein. Sie zeigen damit auf unterschiedliche „Punkte" im Bild. Sie können die Details, die unten beschrieben werden, nacheinander anleuchten.

Besprechen Sie im Anschluss mit den Kindern, was sie gesehen haben und welche Bedeutung die Dinge haben könnten. Lassen Sie Platz, Raum und Zeit für eigene Spekulationen der Kinder. Geben Sie so wenig wie möglich vor und korrigieren Sie nur, wenn die Interpretationen der Kinder eine völlig falsche Richtung nehmen.

Tipp: Denken Sie vielleicht bei der gemeinsamen Entdeckungsreise an einen Satz, den Picasso sagte: „Ein Bild wird nur durch die Person lebendig, die es betrachtet."

Kurze Hintergrundinformationen zum Bild:

Das Bild trägt den Namen „Kreuzabnahme" und stammt wahrscheinlich von Rogier van der Weyden. Da es nicht signiert ist, streiten Wissenschaftler immer wieder um den „wahren" Künstler.
Es entstand etwa Mitte des 15. Jahrhunderts und ist auf dem Mittelteil eines Tryptychon (dreiteiliges Altarbild) zu sehen. Heute ist es im Museo del Prado in Madrid in Spanien zu sehen.

Das Bild zeigt in eindrucksvoller Weise, die im vorangegangenen erzählte Geschichte. Jesus Christus wurde von **Josef von Arimathäa** (hinter dem toten Jesus zu sehen) vom Kreuz abgenommen. Deutlich zu sehen sind die **Wundmale an Händen und Füßen** von Jesus, ebenso wie das **weiße Leintuch**, in das Josef Jesus gewickelt hat. Die Nägel wurden bereits aus dem Leichnam entfernt und Jesus sinkt in die Arme von Josef herab. Die **Dornenkrone** am Kopf von Jesus ist gut zu erkennen. Auf dem Bild sind neben Jesus und Josef auch weitere trauernde Personen gemalt; unter anderem **Maria Magdalena** (am rechten Bildrand) und der **Apostel Johannes** (am linken Bildrand).

Maria Magdalena betrauert den toten Jesus mit nach vorne gebeugter Haltung und **gefalteten Händen**. Ebenso ist der Jünger Johannes am linken Bildrand mit **roter Kleidung** dargestellt. Johannes ist bereit, die trauernde Maria aufzufangen.

Auffallend ist ebenfalls, dass die **Armhaltung von Maria und Jesus** identisch dargestellt sind.

Der **Totenkopf** und der **Skelettknochen** am unteren Bildrand könnten ein Symbol dafür sein, dass Jesus ins Reich der Toten hinabgestiegen ist.

Gestaltung eines Ostergärtchens

- Felsengrab (Hasendraht zu einer Höhle gebogen und mit Zeitungspapier und Tapetenkleister überzogen. Im Anschluss habe ich es grau angemalt)

- Großer Stein vor dem Grab

Ich habe bewusst auf das Anbringen der Jesusfigur am Kreuz verzichtet. Wenn sie dies dennoch tun möchten, haben sie hier die Möglichkeit die Jesusfigur vom Kreuz abzunehmen und ins Grab zu legen. Wenn Sie sich für das Kreuz ohne Jesus entschieden haben, können Sie die Jesus-Figur trotzdem in das Grab legen und den Stein davor rollen. Bitte denken Sie vor der nächsten Geschichte daran, die Figur noch aus dem Grab zu nehmen.

Lieder

- Fürchte dich nicht (Evang. Gesangbuch Nr. 630)
- Viele kleine Leute an vielen kleinen Orten (Evang. Kindergesangbuch Nr. 215)

Guter Jesus,
wir alle sind noch immer sehr betroffen und traurig, was Du erleben und erleiden musstest.
Wir können es nicht fassen, dass Du am Kreuz gestorben bist.
Aber wir freuen uns, dass es Menschen wie Josef gab.
Er wollte Dein Freund sein, auch als Du schon gestorben warst.
Er hat zu Dir gestanden und Dir Gutes getan.
Auch ich will Dein Freund sein.
Amen.

Material auf CD-Rom

Jesus ist auferstanden – Jesus lebt!

Lukas 24, 1-12

Jesu Auferstehung
Aber am ersten Tag der Woche sehr früh kamen sie zum Grab und trugen bei sich die wohlriechenden Öle, die sie bereitet hatten. Sie fanden aber den Stein weggewälzt von dem Grab und gingen hinein und fanden den Leib des Herrn Jesus nicht. Und als sie darüber ratlos waren, siehe, da traten zu ihnen zwei Männer in glänzenden Kleidern. Sie aber erschraken und neigten ihr Angesicht zur Erde. Da sprachen die zu ihnen: Was sucht ihr den Lebenden bei den Toten? Er ist nicht hier, er ist auferstanden. Gedenkt daran, wie er euch gesagt hat, als er noch in Galiläa war und sprach: Der Menschensohn muss überantwortet werden in die Hände der Sünder und gekreuzigt werden und am dritten Tage auferstehen. Und sie gedachten an seine Worte. Und sie gingen wieder weg vom Grab und verkündigten das alles den Elf und allen anderen Jüngern. Es waren aber Maria Magdalena und Johanna und Maria, des Jakobus Mutter, und die anderen Frauen mit ihnen; die sagten das den Aposteln. Und es erschienen ihnen diese Worte, als wär's Geschwätz, und sie glaubten ihnen nicht. Petrus aber stand auf und lief zum Grab und bückte sich hinein und sah nur die Leinentücher und ging davon und wunderte sich über das, was geschehen war.

Ein grundlegendes Merkmal des christlichen Glaubens ist die Hoffnung auf die Auferstehung von den Toten. Sie ist nicht zu beweisen und nicht zu belegen. Wir können daran glauben – oder auch nicht. Niemandem ist dieser Glaube aufzuzwingen oder aufzureden. Und der Zweifel gehört zum Glauben seit je her. Wenn wir die Geschichte vom ungläubigen Thomas hernehmen – die im Buch „Der Weg von Ostern nach Pfingsten" kindgerecht erzählt wird – wird uns bewusst, dass es immer zweifelnde Menschen gab und dass auch Zweifel ihren Platz haben dürfen. Auch Martin Luther war der festen Überzeugung, dass der Glaube ein Geschenk Gottes an die Menschen ist. Ich finde es bereichernd, diesen Glauben in Form von Geschichten und Gebeten weiter zu geben, aber ich möchte ihn niemandem aufzwingen. Wenn also Kinder nach dieser Geschichte beginnen nachzubohren, unsere Erzählung in Frage zu stellen, so sollten wir dies nicht abtun, sondern wirklich und ehrlich bereit sein, uns mit ihnen darüber auseinanderzusetzen. Kinder merken, wenn wir sie ernst nehmen, ihnen erzählen, welche Zweifel wir hegen und welche Dinge uns wichtig sind. Die schönste und beste Geschichte wird zerstört, wenn wir die Gedanken, die wir in den Kindern angestoßen haben, nicht ernst nehmen und nicht bereit dazu sind, uns damit auseinanderzusetzen.

Kinder im Kindergartenalter finden unsere Geschichten in der Regel wunderbar. Für sie ist das, was wir erzählen Gesetz und wird normalerweise kaum in Frage gestellt, außer dies haben ältere Geschwister oder Eltern in der Familie schon getan. Kinder mit ca. 10 Jahren beginnen Dinge zu hinterfragen und nicht mehr alles bedingungslos zu glauben. Keine Angst, das ist gut so! Setzen Sie sich also mit Ihrem Glauben, mit Ihren Zweifeln und Ihren Fragen auseinander – und zwar bevor Sie den Kindern die Geschichte erzählen. Das bringt Sie in Ihrem Glauben und Ihrer Persönlichkeit weiter und ermöglicht eine offene Auseinandersetzung mit den Kindern.

Die Enttäuschung darüber, dass die Jünger den Frauen nicht glauben konnten und wollten, habe ich bewusst in der Erzählung weggelassen. Am Ende der Ostergeschichte sollte die Freude und Begeisterung über die Auferstehung Jesu an erster Stelle stehen. Genau dies muss im Herzen der Kinder von dieser Geschichte hängen bleiben.

Was mein Herz berührt

Ostern ist das Fest der Freude, das Fest der Auferstehung, das Fest des Sieges über den Tod. Für die Theologen ist Ostern das größte Fest im Jahreskreis – nur die Gläubigen ziehen Weihnachten dem Osterfest vor. Trotzdem sollten wir den Ostermorgen mit den Kindern genau so begehen, wie er gemeint ist, als ein großes Fest mit der Freude über das Leben: „Halleluja! Jesus lebt, er ist wahrhaftig auferstanden!"

Wenn ich den Bibeltext lese, berührt es mich, dass es die Frauen sind, die im Mittelpunkt standen. Sie überlegten sich, womit sie Jesus jetzt noch Gutes tun konnten, sie wussten, dass sie nicht zu Hause in ihren Häusern bleiben konnten. Sie wurden aktiv und machten sich auf den Weg. Durch die Einbalsamierung wollten sie wenigstens den Leib Jesu Christi noch bei sich behalten. Die Evangelisten erwähnen unterschiedliche Frauen auf dem Weg zum Grab, doch in allen Evangelien wird eine Frau genannt: Maria Magdalena. Und weil es immer mehrere Frauen waren, haben alle einen Zeugen für das, was an der Grabesstelle passiert war.

Als sie am Grab ankamen, war der Stein weggerollt. Der Stein, der Grabräuber abhalten sollte. Deshalb waren die Frauen ratlos! Das leere Grab bedeutete nicht automatisch, dass Jesus auferstanden war. „Wo ist Jesus?" diese Frage drängte sich den Frauen auf. Die Frauen brauchten Hilfe, um eine Antwort auf diese Frage zu finden. Die Hilfe kam in göttlicher Form: Engel.

Die Berichte, wo sich die Engel am Grab befanden, ob vor oder im Grab, ob es einer oder mehr Engel waren, unterscheiden sich in den Büchern, allerdings ist dies nicht entscheidend. Der Engel als Bote Gottes brachte die Nachricht schlechthin. Gott sprach durch die Engel zu den Frauen: „Er ist nicht hier! Er ist auferstanden!" Und die Frauen fragten nicht nach. Für sie war die Sache klar. Sie glaubten von ganzem Herzen: Jesus ist auferstanden! Und sie liefen zu den Jüngern und erzählten, was sie erlebt hatten. Doch welche Enttäuschung erfuhren sie dort: Sie glaubten ihnen nicht! Sie konnten es nicht glauben, ohne es gesehen zu haben. Nicht mal die Jünger konnten es glauben! Wenn es Jesu Freunden so erging, wie verständlich mögen unsere Zweifel dann erscheinen?

METHODE: Erzählen mit Fußsohlen

Benötigte Materialien:

- 3 Paar schwarze Fußspuren
- 3 Paar rote Fußspuren
- 2 Paar schwarze Fußspuren
- Tuch oder Kieselsteine für den Weg
- Haus
- Grab mit Stein

Beschreibung der Methode: Die Personen der Geschichte werden auf eine sehr reduzierte Weise „sichtbar" gemacht, nämlich durch ihre Fußsohlen. Die Verwendung unterschiedlicher Farben kann auch Eigenschaften oder Gefühle der Personen verdeutlichen. Parallel zum Erzählen werden ihre „Standorte", ihr Verhältnis zueinander sichtbar gemacht.

Vorbereitende Tätigkeiten: Ausschneiden der Fußspuren

Wichtig während der Erzählung: Sprache und Bewegung der Fußsohlen sollte möglichst nicht parallel sondern nacheinander ausgeführt werden. Bei den Bewegungen sind Ruhe und Geduld erforderlich.

Aktion der Kinder: Die Kinder sind hier primär Zuschauer. Sie können allerdings anschließend selbst Fußsohlenbilder legen und damit Teile der Geschichte vertiefen.

ERZÄHLUNG

Maria Magdalena ist traurig *(schwarze Fußspuren werden auf den Boden gelegt)*. Unendlich traurig. Vor ein paar Tagen haben Männer ihren Freund Jesus ans Kreuz geschlagen. Dort war er gestorben. Seitdem kann Maria Magdalena nicht mehr richtig denken. Sie kann nicht mehr schlafen und nicht mehr essen. Sie ist wütend, richtig wütend. Auf die Soldaten, auf die Männer, die Jesus getötet haben. Manchmal will sie laut losschreien, weil sie gar nicht weiß, was sie tun soll und weil alles in ihr nur noch weh tut. Wohin mit der Traurigkeit und Wut? Manchmal laufen ihr die Tränen über die Wangen und sie weint ganz lange. Jetzt läuft sie unruhig im Haus hin und her *(Fußspuren hin und her bewegen)*. Sie kann an nichts anderes mehr denken: „Wozu musste Jesus sterben?!" „Ich hatte Jesus so gern – und jetzt ist alles vorbei?!" „Ich vermisse ihn so sehr!"

Doch heute will Maria Magdalena mit ihren beiden Freundinnen zum Grab von Jesus gehen *(Grab mit dem Stein in einiger Entfernung aufstellen)*. Sie wollen ihrem Freund Jesus noch ein letztes Mal etwas Gutes tun. Deshalb packt Maria Magdalena Salben, Öle und Tücher zusammen, um den Körper von Jesus noch einmal damit einzureiben und ihn einzuwickeln. Maria Magdalena will Jesus noch einmal sehen. Sich von ihm verabschieden, ihn noch einmal berühren. Vielleicht kann sie so besser verstehen, was passiert ist. Und dass Jesus wirklich tot ist.

Als Maria Magdalena vor das Haus tritt, warten schon ihre Freundinnen auf sie *(zwei Paar schwarze Fußspuren dazu legen)*. Gemeinsam machen sie sich auf den Weg zum Grab von Jesus.

Langsam und traurig gehen sie *(schwarze Fußspuren zum Grab bewegen)*. Sie sprechen über Jesus. Darüber, was er ihnen Gutes getan hat, was sie von ihm lernen konnten, wie gern sie ihn hatten. Aber sie sprechen auch darüber, dass jetzt alles vorbei ist. Denn Jesus ist tot. Und die Frauen fühlen sich allein gelassen und einsam.

Als sie näher zum Grab kommen, bemerkt Maria Magdalena es als Erste: „Was ist los am Grab von Jesus? Irgendetwas hat sich verändert! Was ist nur passiert?!" *(Stein vom Grab wegrollen)*.

Und ihre Freundin bemerkt es ebenso: „Aber Maria Magdalena, sieh nur, der Stein ist weg. Das Grab ist offen!"

Jetzt fangen die Frauen an zu laufen *(Fußsohlen schnell in Richtung Grab bewegen)*. Sie müssen wissen was geschehen ist. Sie sind neugierig geworden. So schnell sie nur können, laufen sie zu Jesu Grab. Irgendetwas ist ungewöhnlich und Maria Magdalena hat ein ganz merkwürdiges Gefühl *(Fußspuren in das Grab hineinlegen)*. Sie gehen in das Grab hinein und Maria Magdalena ist fassungslos: „Jesus liegt nicht hier! Er ist weg! – Wo kann er nur sein?" Ihre Freundinnen sind ganz traurig: „Wenn Jesus nicht mehr hier ist, können wir ihn nicht mehr sehen, ihn nicht mehr mit unseren Ölen einreiben..."

Doch während die Frauen ganz traurig in ihr Gespräch versunken sind, da treten plötzlich zwei Männer mit glänzenden Kleidern zu ihnen *(weiße Fußspuren zu den schwarzen legen)*.

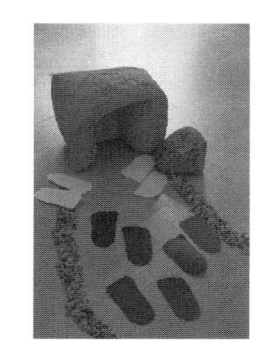

Maria Magdalena erschrickt ganz schrecklich – ihren Freundinnen geht es genauso *(schwarze Fußspuren etwas weiter zurück legen)*. Sprachlos schauen sie zu Boden: „Engel! – das hier müssen Engel sein", kann Maria Magdalena nur denken.

Einer spricht zu den Frauen: „Was sucht ihr Jesus bei den Toten? Er ist nicht hier, er ist auferstanden. Jesus hat euch doch schon als er noch lebte gesagt, dass er am Kreuz sterben wird, aber am dritten Tage wird er auferstehen."

„Ja, der Engel hat recht" denkt Maria Magdalena. „Jesus hat es uns damals gesagt. Und ich wusste gar nicht, was er damit meinte, und was er uns sagen wollte." Plötzlich hat Maria Magdalena das Gefühl, dass Jesus bei ihr ist. In ihrem Herzen. Und Maria Magdalena wird froh *(rote Fußspuren über die schwarzen Fußspuren legen)*.

Die Männer in den glänzenden Gewändern sind wieder verschwunden *(weiße Fußspuren wieder wegnehmen)*, aber Maria Magdalena ist nicht mehr traurig. Sie ist glücklich. Denn nun weiß sie: „Jesus ist nicht tot. Er lebt. Jesus ist auferstanden. Jesus wird immer bei mir sein. Auch wenn ich ihn nicht sehe. Aber ich kann ihn spüren und seine Liebe wird niemals aufhören. Er wird mir immer ganz nahe sein!"
Jetzt haben die Frauen nur noch einen Wunsch. Sie wollen ganz schnell nach Hause laufen und ihren Freunden erzählen, was da am Grab von Jesus passiert war *(Fußspuren zum Haus zurückbewegen)*.

Vertiefungsidee

Jedes Kind darf seine eigene kleine Osterkerze (mit Wachsplatten) gestalten.

Gemeinsames Osterfrühstück

Gestaltung eines Ostergärtchens

- Felsengrab (Hasendraht zu einer Höhle gebogen und mit Zeitungspapier und Tapetenkleister überzogen. Im Anschluss habe ich es grau angemalt.)
- Großer Stein vor dem Grab
- Engel-Figur (eine Sisalpuppe, gelb angezogen)
- Kieselsteine als Weg
- Drei Frauenfiguren (Kegelfiguren, bunt angezogen)

Lieder

- Jesus lebt, ich freue mich! (Kommt und singt, Liederbuch für die Jugend Nr. 132)
- Christ ist erstanden, halleluja (Evang. Gesangbuch Nr. 99)
- Du verwandelst meine Trauer in Freude (Evang. Kindergesangbuch Nr. 198)

Guter Gott,
die Freude ist unglaublich.
Nachdem wir in den letzten Wochen gehört haben, wie grausam die Menschen zu Jesus waren und wie schlimm es ihm ergangen ist, dürfen wir heute hören, dass Jesus auferstanden ist.
Er ist wirklich auferstanden!
Er musste nicht im Leiden und im Tode bleiben.
Nein, Du, Gott hast ihn auferweckt.
Bei Dir darf er leben.
Und weil Jesus nicht im Tod geblieben ist, wissen wir, dass Du bei uns bleibst, wenn wir einmal sterben.
Dafür danken wir Dir.
Amen.

Weitere Titel der Autorin:

- Religiöses Erleben mit Kindern – Martin Luther
- Mit Kindern biblisch kreativ durchs Jahr – Auf dem Weg nach Bethlehem
- Mit Kindern biblisch kreativ durchs Jahr – Der Weg von Ostern nach Pfingsten
- Mit Kindern biblisch kreativ durchs Jahr – Jesus tut Wunder auf seinem Weg

Außerdem auch: Jesus begegnet Menschen auf seinem Weg.
Weitere spannende neue Titel finden Sie unter: **www.didactus.com**

Sie haben Interesse an einer Fortbildungsveranstaltung der AutorIn oder würden Sie gerne zu einer Veranstaltung, Lesung,... einladen?

Gerne können Sie direkt Kontakt aufnehmen:

biblisch-kreativ@t-online.de

Weitere interessante Veröffentlichungen finden Sie unter
www.didactus.com